最強アメリカ・ラーメン男 東京極ウマ50店を食べる

BRIAN'S RAMEN ADVENTURES

ブライアン・マクダクストン

はじめに

　今、日本食の代表として、ラーメンが世界的なブームになっています。

　たとえば、ニューヨークに出店した日本のラーメン店は連日行列ができるほど大人気。それも、海外向けに味を変えたものではなく、日本の味そのままのラーメンが、「びっくりするほどおいしい食べ物」として評判なのです。

　日本で進化を遂げたラーメンの味が、ニューヨーカー&グルメたちをも魅了していると言えます。

　そんなラーメンに惚れ込み、東京と地方で食べ歩きを続けるひとりのアメリカ人がいます。

　ブライアン・マクダクストン。サンフランシスコで生まれ育ち、2006年に英語教師として来日。その2年後に、彼にとって感動的な運命の一杯と出会い、ラーメンの食べ歩きを始めました。

　ラーメン店巡りを始めてすぐに、自分が食べた味を紹介するブログ"Ramen Adventures"をスタート。アメリカ人のラーメン通

が語る新しい視点でのラーメン案内として人気を集め、ブログのアクセス数を日々伸ばしています。

　ブログでは１週間に２軒ずつ新しい店案内を更新。紹介軒数が増えて内容が充実するにつれ、ブライアンは、ラーメン通のアメリカ人として知られるようになりました。今やラーメン好きの間では有名人です。おいしいラーメン店を探し出す嗅覚のするどさ、味覚の確かさ、ラーメンへのひたむきな情熱は、日本人のラーメン通をも圧倒するほどです。

　この本では、ブライアンが東京で食べ続けたラーメンのなかから、とびきりうまい50軒を厳選して紹介しています。また、喜多方や博多など、地方で出会ったラーメンの味をエッセイで物語っています。

　ラーメンをこよなく愛するアメリカ人による、今いちばん面白い東京のラーメン案内。この１冊を手に、みなさんもラーメン・アドベンチャーを楽しんでください。

最強アメリカ・ラーメン男
東京 極ウマ 50 店を食べる
目次

はじめに	2
ぼくのラーメン食べ歩き	10

豚骨ラーメン＆鶏白湯ラーメン　34
TONKOTSU & TORIPAITAN

FILE 001	愚直	36
FILE 002	ホープ軒	38
FILE 003	中華そば JAC	40
FILE 004	銀座 篝	42
FILE 005	らぁ麺 胡心房	44
FILE 006	無鉄砲 東京中野店	46
FILE 007	燦燦斗	48
FILE 008	千石自慢ラーメン 本店	50
FILE 009	麺や 庄の	52
FILE 010	博多長浜らーめん 田中商店	54

Guchoku/Hopuken　56
JAC/Kagari　57
Koshinbou/Muteppo　58
Sansanto/Sengoku Jiman　59
Shono　60　　Tanaka Shoten　61

 醤油ラーメン　　64
SHOYU

FILE 011	666	66
FILE 012	永福町 大勝軒	68
FILE 013	煮干鰮らーめん 圓	70
FILE 014	覆麺 智	72
FILE 015	春木屋 荻窪本店	74
FILE 016	麺屋Hulu-lu	76
FILE 017	麺屋 KABOちゃん	78
FILE 018	背脂煮干中華そば 心や	80
FILE 019	牛骨らぁ麺マタドール本店	82
FILE 020	むぎとオリーブ	84
FILE 021	中華そば ムタヒロ 本店	86
FILE 022	すごい煮干ラーメン凪 新宿ゴールデン街店 本館	88
FILE 023	さぶちゃん	90
FILE 024	肉煮干し中華そば さいころ	92
FILE 025	食堂 七彩	94
FILE 026	ソラノイロ	96
FILE 027	ラーメン屋 トイ・ボックス	98
FILE 028	生姜醤油 我武者羅	100
FILE 029	Japanese Soba Noodles 蔦	102
FILE 030	らぁ麺やまぐち	104

Rokurokuroku/Eifukucho Taishoken　106　　En/Fukumen Tomo　107
Harukiya/Hululu　108　　KABO chan/Kokoroya　109
Matador/Mugi to Oribu　110　　Mutahiro/Nagi Golden Gai　111
Sabuchan/Saikoro　112　　Shichisai/Soranoiro　113
Toy Box/Gamushara　114　　Tsuta/Yamaguchi　115

味噌ラーメン 118
MISO

FILE 031	味噌麺処 花道	120
FILE 032	Miso Noodle Spot 角栄	122
FILE 033	カラシビ味噌らー麺 鬼金棒	124
FILE 034	麺処くるり 市ヶ谷本店	126
FILE 035	みそ味専門マタドール	128
FILE 036	北海道ラーメン おやじ 町田店	130
FILE 037	つなぎ	132

Hanamichi/Kakuei 134　　Kikanbo/Kururi 135
Matador Miso/Oyaji 136　　Tsunagi 137

塩ラーメン 140
SHIO

FILE 038	一条流がんこラーメン 西早稲田店	142
FILE 039	金色不如帰	144
FILE 040	アイバンラーメン	146
FILE 041	饗 くろ㐂	148

Ganko/Hototogisu 150　　Ivan/Motenashi Kuroki 151

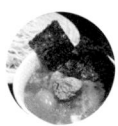

つけ麺 154
TSUKEMEN

| FILE 042 | 風雲児 | 156 |
| FILE 043 | 麺や庄の Gotsubo | 158 |

Fuunji/Gotsubo 160

オリジナルラーメン 164
ORIJINAL

FILE 044	バサノバ	166
FILE 045	油そば専門店 GACHI	168
FILE 046	五ノ神製作所	170
FILE 047	担々麺 辣椒漢	172
FILE 048	スパイス・ラー麺 卍力	174
FILE 049	千里眼	176
FILE 050	パイナップルラーメン屋さん パパパパパイン	178

Bassanova/GACHI Aburasoba 180
Gonokami Seisakujo/Lashowhan 181
Manriki/Senrigan 182　　Papapapapain 183

ブライアンのラーメン・アドベンチャー 喜多方編
ラーメン仲間と週末喜多方ラーメン食い紀行 62

ブライアンのラーメン・アドベンチャー 尾道編
尾道ラーメンの二大名物店を食す　　116

ブライアンのラーメン・アドベンチャー 福岡編
博多の夜、屋台クルーズを楽しむ　　138

ぼくの[ラーメン二郎]物語　　152

ブライアンのラーメン・アドベンチャー 千葉編
ラーメン・ライダー、千葉の名物店を駆ける 162

英語版 ラーメン用語集　　　　　185
エリアから探す 掲載店 INDEX　　186
店名から探す 掲載店 INDEX　　　188

ぼくのラーメン食べ歩き

運命のラーメンと
出会ったのは池袋だった

　こんなにおいしい食べ物があるのか！　クリーミーな豚骨スープをひとすすりしたぼくは、ラーメンというものに、初めて衝撃を受けた。

　2008年初夏、28歳のときに東京・池袋で食べた豚骨ラーメン。この一杯との出会いが、ぼくのラーメン食いの原点になった。日本に来て2年目のことだ。

　当時、ぼくは川越に住んでいた。英会話学校の仕事のために池袋に出ることが多く、そのたびに立ち寄ったのが、駅近くの大きな本屋、ジュンク堂。

9階に広い洋書売場があって、英語の本を見ながら、よく長居をした。本屋はガラス張りの建物で、外の様子も見える。

　ある日、外を眺めていると、一軒の店の前から行列が延びている。永遠に続くのではないかと思うほど長い行列。何度か目にするうちに、それがラーメンを食べるために待つ人たちの行列だと気づいた。

最初はびっくり。だって、ラーメン一杯のために何時間も行列するなんて、アメリカでは考えられないことだから。

今までの人生で
一番インパクトのある味

　でも、行列は気になる。黙々と待つ人々の列は、その先にある至福の味を示しているようだった。ある日、ぼくも並んだ。行列は初めての経験で、1時間待ちでやっと店に入ると、日本語のメニューが読めなくて大変。行列と注文時の戸惑いが後悔に変わり始めた頃、一杯の豚骨ラーメンがぼくの前に運ばれた。

　スープをひとすすり。おいしい！　豚骨のクリーミーな濃厚スープ、茹であがりの食感が抜群の麺、やわらかくて肉の旨みたっぷりのチャーシュー、中がとろ〜りうまい半熟卵……。人生で一度も味わったことのない鮮烈なおいしさ、強烈なインパクト。「ヤッター！すごい食べ物に出会ったぞ」と、その一杯を味わいながら、ぼくはラーメンのとりこになっていた。

　食べ終わったあとの満足感と幸福感。もっと食べたい、いろいろなラーメンをもっと味わいたい。

　こうして、ぼくはラーメンの食べ歩きを始めることになった。

一杯180円の
まずいラーメンから始まった

　正直に言うと、池袋でおいしい豚骨ラーメンに出会う前は、さほどラーメンには興味がなかった。

　「日本食では何が好き？」と聞かれたら、「寿司」と答えていたし、実際そうだった。なぜかというと、日本でそれまで食べたラーメンがおいしくなかったからだ。とくに、最初がひどかった。

　ぼくが日本に来たのは2006年6月。英会話学校で働くため、故郷のサンフランシスコから関西国際空港を経て、岡山に着いた。そこで、学校のスタッフが新人の講師たちをランチに誘ってくれた。一杯180円の醤油ラーメンを出す店。瀬戸物のラーメン丼に入っていたが、スープや麺はカップラーメン並み。味はまずい。

　日本で最初に食べた本物のラーメンがこれだから、心は動かない。それよりも、ほかの未知の料理、寿司、天ぷら、日本そば、お好み焼などを食べたくて、初めて味わう日本食に出会うたびにワクワクしたものだ。

　岡山のあとは、群馬や広島などで暮らした。その2年間、ランチにときどきラーメンを食べたのだが、記憶に残る味はない。空腹を満たすために食べている感じで、ラーメンはそんなものと思っていた。

だから、2008年に池袋で出会ったクリーミーな豚骨ラーメンのおいしさは、なおさら衝撃的だったんだ。

やがて週に４～５回のラーメン食べ歩きにのめり込んだ

　おいしいラーメンをもっと食べたい。そのために必要なのは信頼できる情報だ。ネットを調べてみたけれど、2008年にはラーメンについての英語の詳しいサイトはほとんどなかった。ロサンゼルスを拠点とするブロガーがたった2人。東京にはひとりもいない。

　ラーメン雑誌の日本語の情報は、ぼくには読み解けない複雑なものばかり。シンプルなものを探し続けて、テレビのバラエティ番組やネットのラーメンランキングを見つけた。その情報をもとに、1週間に2～3回、東京のラーメン店を巡り始めた。

　毎回おいしいラーメンに出会えた。店によって、スープや麺、具がぜんぜん違う。同じ食べ物なのに、圧倒的なバリエーションがある。ぼくはラーメンという日本の食文化に魅了されていった。

　まるで幸福な魔法にかかったように、ラーメンへの情熱がぼくをつき動かし、週4～5回のペースで食べるようになった。

ブログ"Ramen Adventures"を読んで
NYタイムズが来た

　食べ歩きを始めると間もなくして、味わったラーメンを写真に撮るようになった。ビジュアルの記録は、味の記憶を呼び覚ます手がかりになる。

　最初はフェイスブックに写真をのせていたが、味や店についてのコメントもまとめたいと思って、2008年10月、ラーメンの食べ歩き情報を英語で発信するブログ"Ramen Adventures"を立ち上げた。

　当初のアクセス数は1日5人ほどだったが、だんだん増えていった。日本のラーメンの今を英語で発信しているブログは珍しいようで、読者のほとんどはアメリカ在住者が占めている。これは今も同じだ。

　ブログを始めて半年ほど経った頃、ニューヨーク・タイムズの有名な記者が取材に来てくれた。トラベル面で大きく取り上げてくれたので、ブログのアクセス数が急増。それをきっかけに、旅行やビジネスで日本を訪れるアメリカ人のために、ラーメンツアーを企画するようにもなった。

週末は日本各地で
ご当地ラーメンを食べまくる

　ぼくは週末は地方にいることが多い。

　土・日曜に日本の各都市で行なわれる、子ども向けの英語のイベントショーにパフォーマーとして出演するためだ。ラーメン好きにとって、週末の地方の仕事は格好の機会。もちろん仕事も一生懸命にするけれど、オフの時間はご当地ラーメンをひたすら食べ歩く。博多、熊本、尾道、山口、喜多方、金沢、札幌など、初めて訪れる街で出会うご当地ラーメンはじつに面白い。

　東京のラーメンはバリエーションが豊富だが、地方のラーメンは「尾道系」や「喜多方系」など、ご当地系の同じような味の系統に分かれる。スープの作り方や麺の特徴、組み合わせる具が似ているので、同じような印象になるのだろうが、よくよく食べ歩くと、店によって個性が異なる。その微妙な差が楽しい。

　地方での週末の食べ歩きは、多いときは土・日曜で4、5回になることもある。夜、もう一杯ラーメンを食べるために最終の新幹線に予約を変更したり、食べていて長距離バスに乗り遅れたり、ということもあった。

　博多では、1軒目に出会った人たちと意気投合して、そのあと何軒かのラーメン店をいっしょにはしごしたり。ラーメン好きは知り

合ったばかりでも、ラーメンを通じてすぐに仲良くなれる。こういう食べ物は世界でも珍しいんじゃないかな。ラーメンが持つ独特の魅力、求心力、おおらかさのようなものが関係していると思う。

インスタント麺と和食としてのラーメンは
まったく別物

　ラーメンという食べ物に関する印象や認識は、世界的にも変わってきている。2000年代の半ば頃まで、アメリカで「ラーメン」というと、日系人が経営する日本料理店で日本人ビジネスマンや旅行者が食べるものという印象だった。

　スーパーマーケットではインスタント麺が昔から手に入ったので、子どもの頃はママが作ってくれるインスタントラーメンをときどき食べていた。高校の頃は、具に卵や野菜を入れて自分で作ったりもした。とはいえ、あくまで空腹を満たす食べ物で、特別な感情はなかった。ほかのアメリカ人も同じような認識だったと思う。

　それが変わってきたのが2000年代末頃だ。

　アメリカで本質的な意味でのグルメブームが起きた。ぼくの国でのそれまでの味覚といえば、甘み、酸味、塩味、苦みの4つだけ。後味の悪さが残るとしても、化学調味料をおいしいと思っていた。

これに大きな変革が起こった。

和食を通じての「旨み」の伝来だ。

アメリカ人にも
「旨み」がわかり始めた

昆布、カツオ節、煮干、きのこ、野菜などからじっくりと成分を抽出して作るだしのおいしさ。繊細で奥深い味わいのなかに立ち上がる圧倒的な「旨み」。高級レストランでラグジュアリーな料理を食べてきたグルメを自称するアメリカ人たちは、この新しい味覚、旨みに夢中になった。

おいしい、新しい！　化学調味料を使った料理のように、いやな後味がない。スーッときれいな味わいが口に残り、数分後にはその後味を懐かしむように、心がほんのりとなごむ。

ちなみに、アメリカでは旨みを"Umami"という。日本語がそのまま英語になった。日本でおいしいラーメンに出会ったことで、ぼくは母国で旨みが知られるようになる前に、本拠地の日本で、だしや旨みの深い味わいをかみしめてきたわけだ。

"Ramen Adventures"のブログを通じて、旨みを知り、そのと

りこになった読者もいる。ぼくはそのことが誇らしい。

アメリカではラーメンは
「おしゃれな和食」の代表なのだ

　旨みがアメリカで知られるようになった頃、ニューヨークやロサンゼルスなどの都市でB級グルメブームが起きた。日本のB級グルメの代表格といえば、ラーメンだ。

　ラーメンの味はだしの旨みで決まる。しかも、ラーメン店ごとに研究と努力を重ねた独自のだしと旨みがある。料理人ひとりひとりに、たったひとつのだし、個性的な旨みが存在する。

　ぼくの知る限り、欧米のシェフたちは、まだこの次元にはない。腕のいいシェフは旨みを含む食材を自在に使って美味なる皿を作るが、それは組み合わせであって、ゼロからの旨みの創造ではない。

　旨みという新しい味覚の到来とB級グルメブームにのって、アメリカの都市に日本の人気ラーメン店が乗りこんできた。それも日本と同じままの味で勝負に出た。つまり、アメリカ人向けに味を変えなかったのだ。先陣を切ったのは、博多発の豚骨ラーメン店、一風堂だった。

日本と同じ味が
アメリカで受け入れられたという驚き

　2008年にニューヨークにオープンした[一風堂]は、またたく間に人気店になった。濃厚な豚骨スープのラーメンは幸福な驚きをもって迎えられた。

　ただ、店の様子は日本とかなり違う。まず、最近のラーメンは、日本人向けの日本料理店で供される前時代のラーメンとは違う、舌の肥えたアメリカのエグゼクティブを魅了する味になったのだ。

　店はウェイティングルームがあるしゃれた造りで、客はまず食前酒と前菜を楽しみ、メインの豚骨ラーメンを味わう。ラーメンをコース料理として食べる趣向が受け、特別なディナーやデートで訪れるスポットとなった。

　とはいえ、例外も出てきた。同じくニューヨークで成功した[Tottoラーメン(鳥人ラーメン)]の店舗は日本と同じスタイル。味も日本と同じだ。さほど広くない店内でラーメン一杯を食べて店を出るかたちだが、連日行列ができる人気店になった。もっとも客層はおしゃれな人たちだ。

　今や、アメリカでは和食といえばラーメン。おしゃれで、おいしくて、かっこいい。まさしくクールジャパンな食べ物なのだ。

食べ歩いた1000軒の味を
記憶している

　この本が世に出る2015年春までに、ぼくは日本で1000軒以上のラーメン店を食べ歩き、ブログ"Ramen Adventures"に900軒以上のラーメン記事をのせている。不思議なもので、撮り続けたラーメンの写真が1000枚を超えても、その味と店の雰囲気、並んだ行列をすぐに思い出すことができる。

　ぼくをラーメンの食べ歩きへと駆り立てた運命のこってり系豚骨ラーメン。だしの旨みが心と体にしみいる、あっさり系醤油ラーメン。シンプルで繊細な旨みが絶妙な塩ラーメンや、いつも新しい発見がある味噌ラーメン。スパイシー系やつけ麺など、ラーメンのバリエーションはじつに多彩。同じ食べ物だが、いつも違う。
　美術館に並ぶ絵は、どれもみな絵画だけれど、絵に描かれたものや趣が異なるように、一杯一杯のラーメンに個性があり、独自の世界がある。一杯で完結するシンプルな食べ物であるがゆえに、その中に広がる宇宙は無限大なのだ。

ぼくのラーメン・アドベンチャーは
きっと死ぬまで続く

　ときどき、「自分のラーメン店を持たないんですか？」と聞かれる

ことがある。ぼくはすぐに「No」と答える。だって、ぼくにとっては食べ歩きがいちばん面白いから。

ちょうどよい頃合いのスープと麺、美しく盛られた具、店内の活気、「いらっしゃいませ」と元気よく響くスタッフの声、店の前に続く行列、店で知り合った人とのなにげない会話……。それらのすべてが、至福の一杯のために欠かせない。

だからぼくは食べ歩きをして、ラーメンはラーメン店で食べる。これまでもそうだったし、これからもそうだ。

おいしいラーメンがある限り、ぼくの"Ramen Adventures"は無限に続くのだ。

ブライアン・マクダクストン

Guchoku
Hopuken
JAC
Kagari
Koshinbou
Muteppo
Sansanto
Sengoku Jiman
Shono
Tanaka Shoten

TONKOTSU RAMEN & TORIPAITAN RAMEN

豚骨ラーメン
&鶏白湯ラーメン

愚直
ホープ軒
中華そば JAC
銀座 篝
らぁ麺 胡心房
無鉄砲 東京中野店
燦燦斗
千石自慢ラーメン 本店
麺や 庄の
博多長浜らーめん 田中商店

愚直
ぐちょく

Guchoku EN → P.56

クリーミーな豚骨スープと細麺が絶妙にコラボ

　おいしい豚骨ラーメンの店を見つけるのは、意外と難しい。たいがいの愛好家はおいしい豚骨ラーメンというと博多の屋台ラーメンをイメージする。それは、安くて豚骨臭くて、けっしてこぎれいではない。

　[愚直]はその店名のとおり、まっすぐで正直。まさにその極みという店で、ここで出会えるのは深く深く考え抜かれた一杯なのだ。

　あらゆる部位の豚骨を何時間もかけて煮込み、味わい深くてクリーミーな豚骨スープができあがる。乳白色のとろりとした豚骨スープは細いストレート麺とよくからむ。麺は自家製で、しっかりとした歯ごたえがある。炙りチャーシューや細く切ったネギがトッピングされる。

　[愚直]はメディア露出を徹底的に避けることでも有名だ。テレビで紹介されるとどうしてもお客が増え、行列ができる。それより、常連さんがちょくちょく来ても、行列せずにすぐに座れるほうがいいと考えるからだ。かといって初めての客でも歓迎されていると感じ、誰もが満足して帰っていく。[愚直]はそんな店だ。

TONKOTSU RAMEN

> 乳白色のとろりとした豚骨スープが
> 細いストレート麺とよくからむんだ。
>
> Milky white in color, it is perfectly matched with thin, straight noodles.

時間をかけててい
ねいに作られた豚
骨スープは、まさ
に王道の味

とんこつらーめん 650円
Tonkotsu Ramen

東京都板橋区大谷口北町12-7
セブンマンション1F
TEL 非公開
12:00〜15:00 20:00〜22:00（LOは閉店の10分前）
月・木曜休
東武東上線・中板橋駅から徒歩8分

ホープ軒
ホープけん

Hopuken   EN → P.56

屋台から始まり、長い歴史を生き抜いた不動のラーメン

　新しいコンセプトのラーメンの店が東京にはたくさんある。しかも、スープの味が際立つよう職人たちが改善に改善を重ね、互いに競争しあった結果、他店とは異なるユニークでおいしいラーメンが生まれる。

　だから、60年代からのラーメン屋がいまだに長続きしているというのは、驚くべきことだ。

　[ホープ軒]の歴史を紐解こう。最初は小さな屋台をひとりで引きながら、さまざまな街を訪れ、路地を歩いた。当時、人々が求めていたのは、もっと豚の入った脂っこいラーメンだった。[ホープ軒]は要望に応えることにした。

　[ホープ軒]のラーメンは心臓の弱い人には向かないかもしれない。なにしろ背脂こってりだ。背脂はおいしい旨みのかたまりで、それを濃厚なスープの上に振りかける。これがとびきりの太麺によくからむ。スープはおいしいが、背脂が多いので飲み干すのはかなりの強者だ。

　野菜としてはもやしが入っているけれど、ここのラーメンは肉好きな人にも向いている。食べた人は、大満足するか、それとも満腹で苦しくなるか。大きく分かれるんじゃないかな。

TONKOTSU RAMEN

> 背脂はおいしい旨みのかたまりで、それを濃厚なスープの上に振りかける。
>
> Globs of se-abura, silky pork back fat, sit under a layer of hot oil and on top of an intense pork soup.

見た目ほどは脂っこすぎないラーメン。薬味のネギは入れ放題

ラーメン 700円
Ramen

東京都渋谷区千駄ヶ谷2-33-9
03-3405-4249
24時間
無休
JR千駄ヶ谷駅から徒歩5分

… FILE 003 のセクション

中華そば JAC
ちゅうかそば ジャック

JAC　　　　　　　　　　　　　　　　　　　　　　　　　EN → P.57

豚バラ肉炒めのトッピングと生卵が徳島風

　四国の徳島には独特のラーメンがある。一般的には、醤油で味付けされた濃厚な豚骨スープに、甘めに味付けた豚バラ炒めがトッピングされているのが特徴だ。生卵を加えるとすきやき風の味になるね。結論的には、ラーメンは甘めでクリーミー。徳島に行ったらぜひ味わってほしい。

　[JAC]は徳島ラーメンにたくさんヒントをもらっている。まずだしは鶏ガラと豚骨からとっている。豚バラ肉炒めは必ずトッピングに使われていて、おいしい。

　客の大半が注文する店の看板メニュー、JACそば大盛りを頼むのがおすすめ。同様に、半熟卵や煮玉子にあたるのが、ここではおきまりの生卵で、存在を主張している。JACそばを作ることは、あたかも、都会の洗練と地方の味を見事に融合させる作業のようだ。

TONKOTSU RAMEN

> 半熟でもなく煮玉子でもない、なんと生卵が付いてくるんだよ。
>
> The usual raw egg makes an appearance, as does a second half-cooked and flavored egg.

醤油と豚バラ肉炒めの甘さが加わり、すきやき風の味付けに

JACそば 900円
JAC Soba

東京都杉並区高円寺北1-4-12
03-5318-5240
火〜土曜11:30〜15:30 18:00〜26:00
日曜11:30〜16:00
月曜休(祝日の場合は営業)、ほか不定休
JR高円寺駅から徒歩7分

銀座 篝
ぎんざ かがり

Kagari EN → P.57

料亭のようなたたずまいのラーメン店が銀座にあった

　銀座といえばお金。それもビッグマネーが動く。たとえば、3ツ星の寿司屋といえば、銀座だ。でもおいしいラーメンを銀座で探すのは難しい。なぜなら、おいしいラーメンといえば高級中国料理店に限られていたし、しかも期待していたほどの味ではなかったりする。

　そこへ、人知れず、密かに現れたのが[篝]だった。店の外は日本料理店のようなたたずまいで、絶えることのない行列がなければ、見つけるのは難しい。しかし、清楚な店内は、銀座の喧騒のなかでささやかな息抜きをするにはぴったりだ。

　[篝]では2つのメニューが際立っている。まったりとした鶏白湯とコクのある煮干そばだ。
　最初に挑戦したいのは鶏白湯。鶏チャーシューがのったバターのようなコクのあるなめらかなスープ。おすすめは、丼に彩りを添える季節の野菜のトッピングだ。季節によってトッピングが変わり、寒い季節なら、カボチャ、サツマイモ、カリフラワー、ブロッコリー、ゴボウそれに菊花など。バター好きならガーリック・バターも注文できる。
　もっとインパクトが欲しければ、煮干そばを選ぼう。醤油の風味に深みがあり、煮干が香り立つ。麺は三河屋製麺。日本では最高のレベルといっていい製麺所だ。

TORIPAITAN RAMEN

> 鶏チャーシューがのった、バターのようなコクのあるなめらかなスープの鶏白湯がおすすめ。
>
> Choose the first for a buttery-smooth broth with some beautiful chicken chashu toppings.

季節の野菜をトッピングした鶏白湯SOBA(トッピングは別料金)

鶏白湯SOBA 880円
Toripaitan Soba

東京都中央区銀座4-4-1 銀座Aビル1F
TEL 非公開
11:00〜15:30 17:30〜22:30
(土曜、祝日は〜21:00)
日曜休
各線・銀座駅から徒歩2分

らぁ麺 胡心房
らぁめん こしんぼう

Koshinbou　　　　　　　　　　　　　　　　EN → P.58

豚骨スープの常識を破り、女性の支持を得た

　クリーミーな豚骨スープはおいしいが、ときとして、健康にはよくないこともしばしばある。脂肪やラードは、健康オタク、とくに女性にとってはできるだけ避けて通りたいものだ。

　店主の野津さんはそんな豚骨スープの常識を破りたかった。まず最初に店の雰囲気を変えた。スタッフは全員女性、明るくて風通しが良く、気軽に入れる雰囲気の店にした。

　味の面で取り組んだのは、おいしくて、カロリーひかえめな豚骨ラーメンの追求。旨みとして欠かせない脂を最小限に抑え、風味豊かなスープ作りをめざす。その結果、スープを低温熟成し、脂を取り除くために冷蔵する方法を取り入れることに。そこから、みんなを魅了するクリーミーな豚骨風味のスープが生まれる。もちろん、健康にも安心だ。

　女性的で健康的な雰囲気をもっと打ち出して、[胡心房]では新鮮野菜のサラダとデザートが付いたかわいらしい女性限定ヘルシーセットを出している。町田は人によってはラーメンのために行くには遠いかもしれないが、[胡心房]のラーメンを食べれば、日常から解き放たれた気分になれるはずだ。

TONKOTSU RAMEN

> 新鮮なサラダとデザートが付いた女性限定のヘルシーセットも提供しているよ。
>
> The shop offers lovely women-only sets with vibrant salads and deserts.

一番人気の味玉らぁめん。トッピングのレタスが彩りを添える

味玉らぁめん 800円

Ajitama Ramen

東京都町田市原町田4-1-1 太陽ビル1F
042-727-8439
12:00〜15:00 18:00〜21:00
土曜11:30〜20:00（日曜、祝日は〜18:00）
（スープがなくなり次第終了）
月曜休（祝日の場合は営業）
JR町田駅から徒歩3分

無鉄砲 東京中野店
むてっぽう とうきょうなかのてん

Muteppo　　　　　　　　　　　　　　　　　　EN → P.58

奈良生まれの100%豚骨ラーメンは、東京でも大受け

　奈良は歴史ある寺社で有名だが、ラーメンについてはあまり知られていない。奈良を本拠地にする[無鉄砲]は東京に進出し、2010年に支店を開いた。それは東京で初めての味だったので、客はその味にひどく感動した。

　このラーメンを味わった人はほとんどがリピーターになると賭けてもいい。ラーメン評論家たちも同じように称賛した。ここは日本でいちばんの、100%豚骨ラーメン店のひとつだと。

　[無鉄砲]の豚骨スープはしばしば、モーターオイルのようにどろどろしている、と表現されることがある。しかし、ここのスープは匂い、あるいは臭みがないことも特色に挙げられる。

　普通の豚骨スープは、誰もが臭みがキツイと言う。豚骨ラーメンの店は往々にして、高級チーズと靴下が入り混じったような匂いがする。もちろん、人によって感じ方は違うが、ぼくはどっちかっていうとチーズに近いと思う。でもそれは少数派かもしれない。不動産屋は豚骨ラーメン店の上の部屋を貸すときは大いに値切られることを覚悟する。

　ところが[無鉄砲]はこの匂いがしない。豚骨を煮込むと、グレービーソースのようにとろみのある、中太麺によくからむ豚骨スープになる。

　店のカウンターにはトッピングが並んでいる。紅しょうが、自家製辛高菜、ゴマ、それにもちろんにんにく醤油などで、好みで味付けする。追加料金を払ってでも食べたいのが、やわらかくておいしいチャーシューだ。その風味豊かなスライスを濃厚な豚骨スープに浸けるのは、まさに夢が叶う瞬間だ。

TONKOTSU RAMEN

> 追加料金を払ってでも食べたいのが、やわらかくておいしいチャーシューだ。
>
> Be sure to get the bowl with extra chashu pork, it is delectably tender.

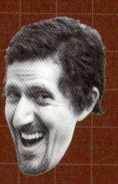

濃厚なスープに、にんにく醤油を投入。追いスープもある

とんこつラーメン 780円
Tonkotsu Ramen

東京都中野区江古田4-5-1
03-5380-6886
11:00〜15:00 18:00〜23:00
(スープ、麺がなくなり次第終了)
月曜休(祝日の場合は営業)
西武新宿線・沼袋駅から徒歩8分

燦燦斗
さんさんと

Sansanto   EN → P.59

ラーメン好きをたちまち魅了した魚介豚骨スープ

　[燦燦斗]は開業するとすぐにヒットした。そう、しばしばスープがなくなり、一日2、3時間しか営業しない。しかも、思ってもみない日に休みにするし、午後6時に開店しても、8時半ごろには閉店してしまう。

　[燦燦斗]の行列は、細い坂道を下って、小さな駅のほうまで続いている。待ち時間は20〜30分ほどだが、待つ価値は十分ある。

　いったん席に着けば、ラーメンができあがるまでそうは待たないが、待ち時間が手持ち無沙汰なら、冷たいビールがおすすめ。ビールにはメンマ、玉子、チャーシューの小皿がつまみにいい。チャーシューはこれを食べたら死んでもいいと思うくらいおいしい。つまみの小皿は、隣の人が「わたしも〜」と叫んでしまうほどだ。

　ついにラーメンがくる。魚介だしの力強い風味と豚骨の濃厚な味わいを合わせた魚介豚骨スープ。自家製麺は期待どおり、スープと見事に調和する。

　麺好きはしばしばこの店の油そばを食べに戻ってくる。油そばとは汁なしそばのことで、麺と薬味、そしてもちろんあの驚くべきチャーシューが付いてくる。[燦燦斗]は信頼できるほとんどのラーメン本で、このジャンルではいつも上位10位に入る。

TONKOTSU RAMEN

> メンマ、玉子、チャーシューの小皿は冷たいビールのつまみにぴったり！
>
> A cold beer is recommended to pass the time, as it comes with a small plate of menma, egg, and chashu.

> コクのある魚介豚骨スープが自家製麺によく合う。油そばもおすすめ

らーめん 700円+特増し 300円

Ramen + Tokumashi

東京都北区中十条3-16-15
TEL 非公開
18:00〜20:30
月・木曜休
JR東十条駅から徒歩2分

千石自慢ラーメン 本店
せんごくじまんラーメン ほんてん

Sengoku Jiman   EN → P.59

「ぶっかけ飯」でスープを最後の一滴まで味わいたい

　醤油で味付けされた濃厚な豚骨スープ、それにわずかな背脂を加えるというのは、特別新しい手法ではない。東京にあるたくさんのラーメン店が同じようなやり方でラーメンを提供しているし、地元の店でも毎日作っている。

　健康の面ではこの手のラーメンはずっと下位にランクされるだろう。しかし、味についていえば、ほぼトップだ。トッピング用に置いてある生にんにくは野菜といえないとしても、シャキシャキのもやしがたっぷりとのってくる。

　[千石自慢]は都心部の北側に4店舗ある。あまり健康には良くないかもしれないが、緑黄色野菜がいっぱいのラーメンもある。実際、たくさんの豚骨スープや背脂を摂取することになるが、同時にカラフルな野菜をたくさん食べることができる。ニンジン、キャベツ、それにもちろんもやし、みんな入っている。
　麺を平らげてしまったあとは、ぶっかけ飯を頼もう。ご飯と温泉玉子を残ったスープの中にどっと入れて食べるのだ。

TONKOTSU RAMEN

ぶっかけ飯を食べてみてくれ。残ったスープの中にご飯と温泉玉子をどっと入れるんだ。

Get bukkake-meshi: a bowl of rice and a barely cooked onsen tamago to dump into the leftover soup.

シャキシャキ野菜がたっぷり。こってりした豚骨スープとの相性は◎

野菜ラーメン 750円
Yasai Ramen

東京都文京区本駒込6-5-4
HM本駒込ビル1F
03-3944-0336
11:00〜翌2:00(日曜は〜0:00)
水曜休
各線・巣鴨駅／地下鉄・千石駅から
徒歩4分

…

麺や 庄の
めんやしょうの

Shono　　　　　　　　　　　　　　　　　　　　　　EN → P.60

つねに革新的なラーメンを創造してきた店

　この本を書いている時点で、庄野さんは東京に5店舗を構えている。さらに6番目の店をアメリカのサンフランシスコにオープンする予定だ。

　どの店も異なるコンセプトで運営されているが、唯一共通する要素がある。それは、いずれも革新的であることだ。濃厚なスープが自家製麺にからむ。鶏の唐揚げがトッピングされてズシンとくるチキンスープのラーメンから、豚骨とラムのつけ麺まで、さまざまだ。

　これらの店の成功は、東京で最高のサクセスストーリーのひとつと考えられている。

　多様なラーメンがあるにもかかわらず、客は本家本元[麺や 庄の]の味を信頼しているのだ。平日はいつでもスーツ姿のサラリーマンや年配のご婦人たちの行列ができ、誰もが、庄野さんの特徴である、魚介豚骨スープのラーメンを求める。

　ここで注目すべきは2つの要素だ。
　ひとつは魚介豚骨スープ。豚骨は2日間煮込んだあと、サバ節、カツオ節からとった軽めの魚介スープがブレンドされる。細麺はラーメン、太麺はつけ麺、それぞれ自家製麺と組み合わされる。
　10年間も営業し続ける[麺や 庄の]は、素晴らしいトッピングで華やかに麺を飾る。この店はまるで東京の大黒柱のような存在だ。

　2つ目は月替わりの限定ラーメンだ。ロブスターラーメンからフォアグラの金箔のせつけ麺、あるいは富山産のホタルイカラーメンまで、その数は、なんと170種類にも上る。

TONKOTSU RAMEN

> 豚骨を2日間煮込んだあと、軽めの魚介スープとブレンドして作る、魚介豚骨スープが最高なのさ。
>
> Pork bones are cooked for two days, then blended with a light seafood soup.

濃厚な魚介豚骨スープに合わせるのは、コシのあるストレート細麺

味玉らーめん 860円
Ajitama Ramen

東京都新宿区市谷田町1-3
クレセントビル1F
03-3267-2955
11:00〜15:00 17:00〜23:00
土曜11:00〜23:00
日曜、祝日11:00〜17:00
無休
各線・市ヶ谷駅から徒歩4分

博多長浜らーめん 田中商店
はかたながはまらーめん たなかしょうてん

Tanaka Shoten　　　　　　　　　　　　　　　EN → P.61

博多流にたっぷりトッピング、替え玉を楽しむ

　豚骨ラーメンの極意を得るために、田中さんは若いころ、全国行脚の旅に出た。予想どおり、クリーミーな豚骨スープが特徴の博多ラーメンには、大いに啓発された。

　食べ歩いたときの経験を生かし、自分の店を出した。そして、この店は驚くほど成功した。16席ほどのカウンターと20のテーブル席があるが、[田中商店]はいつもいっぱいだ。この、東京で大受けした博多ラーメンが、博多生まれではなかったことは、じつに興味深い。

　ほかの豚骨ラーメン専門店と同様、客はカウンターにあるトッピングを自由にのせる。真っ赤な紅しょうが、ピリリと辛い辛子高菜、ゴマ、にんにくのみじん切り、それに胡椒。

　さらに旨みを高めるのは、自家製の赤オニというトッピング。スパイシーな肉味噌のそぼろだ。

　お腹に替え玉1個分の余地を残しておこう。替え玉が丼の中の残りのスープに投入されるさまは、これはもう儀式といってもよい。

TONKOTSU RAMEN

> 極めつけは、自家製の赤オニというトッピング。スパイシーな肉味噌のそぼろだ。
>
> For an added boost, the homemade akaoni topping is a spicy ball of meat and miso.

豚骨スープに極細麺という、王道の博多らーめん。替え玉も必食だ

らーめん 720円
Ramen

東京都足立区一ツ家2-14-6
03-3860-3232
18:00〜翌4:00
無休
つくばエクスプレス・六町駅から徒歩13分

FILE 001-002 — TONKOTSU RAMEN & TORIPAITAN RAMEN

Guchoku
→ P. 36-37

A search for excellent **tonkotsu** ramen can be tough. Most fans of the stuff want something resembling the street food from Hakata in Japan's southern island of Kyushu. This means cheap and stinky, not necessarily refined.
Guchoku, which means simple and honest, is the best of both worlds, and is a very deep and well-thought-out bowl.

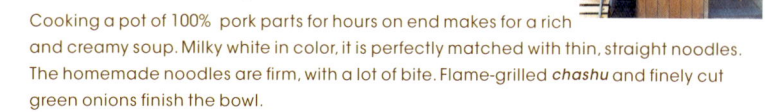

Cooking a pot of 100% pork parts for hours on end makes for a rich and creamy soup. Milky white in color, it is perfectly matched with thin, straight noodles. The homemade noodles are firm, with a lot of bite. Flame-grilled **chashu** and finely cut green onions finish the bowl.

Guchoku is famous for avoiding media attention, instead opting to give their regulars a place they can keep coming back to without the massive lines caused by a famous TV show. Newbies feel welcome, though, and everyone leaves satisfied.
Seven Mansion 1F, 12-7 Oyaguchikitacho, Itabashi-ku, Tokyo,
12:00~15:00 / 20:00~22:00 everyday except on Mon. & Thu.

Hopuken
→ P. 38-39

Unique ramen shops in Tokyo are a relatively new concept. Most stand-out bowls are the result of competition pushing ramen chefs to refine their soup in order to stand out. So when a shop from the 1960s stands the test of time, it is a great feat.

Hopuken began as a small **yatai**, a one-man pushcart that traveled the streets of Tokyo. Drunk customers wanted more pork and fat in their bowl. Hopuken delivered.

This is not a bowl for the weak at heart. Globs of **se-abura**, silky pork back fat, sit under a layer of hot oil and on top of an intense pork soup. Thick-as-they-come noodles grab that soup up, which is good as most customers try not to drink much of the soup on its own.

A sprinkle of bean sprouts count as vegetables. This is a meat lovers' bowl, and you will leave either very satisfied or in need of a new detox routine.
2-33-9 Sendagaya, Shibuya-ku, Tokyo, 03-3405-4249, 24 hours a day

TONKOTSU RAMEN & TORIPAITAN RAMEN　　FILE 003-004

JAC
→ P.40-41

Tokushima, on the east side of Japan's Shikoku island, is another one of the country's cities with a ramen style all its own. Generally speaking, you take a thick, pork-based soup, flavor it with soy sauce, and top with a rather sweet pork stir fry. A raw egg gives the dish a *sukiyaki* feel. The final bowl is sweet and creamy. A must-eat dish in Tokushima.

JAC takes heavy inspiration from Tokushima ramen, using a mix of pork and chicken bones in the soup's preparation. The obligatory sauteed pork is delectable.

Consider getting the shop's signature JAC soba, as you get a larger serving. The usual raw egg makes an appearance, as does a second half-cooked and flavored egg, making this one the perfect marriage of big city sophistication and countryside flavor.

1-4-12 Kouenjikita, Suginami-ku, Tokyo, 03-5318-5240,
11:30~15:30/18:00~26:00Tue.-Sat., 11:30~16:00Sun.

Kagari
→ P.42-43

Ginza equals money. Big money. If you have reservations at a three-star sushi restaurant, chances are high that it is in this part of town. Good ramen, however, was limited to high-end Chinese spots, and it was usually a letdown.
Then, an unassuming, almost hidden' Kagari popped onto the scene. Hard to find if it weren't for the ever-present line outside a shop that just says "Soba", Kagari is a welcome respite from the wallet-breaking shopping that most are doing in Ginza.

Two menu items stand out: the creamy *toripaitan* and the robust *niboshi soba*. Choose the first for a buttery-smooth broth with some beautiful chicken chashu toppings. Recommended is the seasonal vegetable topping to add some color to the bowl. A recent cold-weather version came with Japanese pumpkin, sweet potato, cauliflower, broccoli, burdock root, and chrysanthemum flower. Gluttons for butter can also get a side of garlic butter. For something with more of an impact, go with the *niboshi soba*, full of deep soy and dried fish flavors. Noodles come from the Mikawaya Seimen noodle factory, considered one of the best in Japan.

Ginza A Bldg. 1F, 4-4-1 Ginza, Chuo-ku, Tokyo, 11:00~15:30/17:30~22:30Mon.-Fri., 11:00~15:30/17:30~21:00Sat. & National Holiday

FILE 005-006 TONKOTSU RAMEN & TORIPAITAN RAMEN

Koshinbou
→ P. 44-45

Creamy *tonkotsu* soup doesn't have the best reputation when it comes to health. All that fat and lard keeps most health-conscious people, especially the ladies, about as far away as possible.

Master Nozu-san wanted to change these views. The first step was a welcoming, all-female staff in a bright, airy shop. The second step was to create a soup with all the flavor, minus the calories. She does this by freezing the soup, causing the fat to rise to the top, where it is scooped away for other purposes. You're left with a healthier bowl that retains the creamy, porky flavors that everyone loves.

Pushing the female/healthy vibe even further, the shop offers lovely women-only sets with vibrant salads and desserts. Machida might be far for some to come for ramen, but the bowl here is a refreshing change from the norm.

Taiyo Bldg. 1F, 4-1-1 Haramachida, Machida City, Tokyo, 042-727-8439,
12:00~15:00/18:00~21:00Tue.-Fri., 11:30~20:00Sta., 11:30~18:00Sun. & National Holiday

---

Muteppo
→ P. 46-47

Nara, the ancient capital of Japan, is known for its temples and shrines, not so much for its ramen. That's why, when Nara-based Muteppo opened their Tokyo branch a few years back, customers were shocked how good it was. You can bet that most who slurped this one became repeaters. When the critics started coming, the sentiments were the same; this is one of the best bowls of 100% *tonkotsu* ramen in Japan.

Motor-oil thick is often used to describe the soup at Muteppo, as is the smell, or lack thereof. Most *tonkotsu* soups are notoriously stinky. The shops often smell like a cross between a fine cheese and a sock, depending on who you ask. I think it is closer to the cheese, but I'm in the minority. Rent above a *tonkotsu* ramen shop is heavily discounted.

Muteppo, somehow, neutralizes this odor. All that remains is the thick, porky soup, almost a gravy, that sticks to the thin noodles like glue. Toppings typical for *tonkotsu* are on the counter, so feel free to flavor your bowl with red pickled ginger, spicy mustard greens, sesame seeds, and of course raw garlic. Be sure to get the bowl with extra chashu pork, it is delectably tender, and dipping the seasoned sliced pork into the thick pork soup is what dreams are made of.

4-5-1 Egota, Nakano-ku, Tokyo, 03-5380-6886, 11:00~15:00/18:00~23:00Tue.-Sun.

TONKOTSU RAMEN & TORIPAITAN RAMEN — FILE 007-008

Sansanto
→ P.48-49

Sansanto is an instant hit for anyone who actually makes it there. Yes, this is one of those shops that only opens for a few hours a day, often runs out of soup, and is closed on days you wouldn't expect it to be. From the time they open at 6 P.M., until sometime around 8:30 P.M., Sansanto's line stretches up a tiny slope toward the tiny train station. The wait, usually around 20-30 minutes, is worth it.

Expect a short wait once you sit in the shop. A cold beer is recommended to pass the time, as it comes with a small plate of *menma*, egg, and *chashu*. That *chashu* is to die for, and the little preview-plate often results in everyone else seated with you to shout out *watashi-mo* – me too.

Then the ramen comes. Thick and meaty, with a heavy hint of dried seafood flavors. As expected, the homemade noodles are a perfect match.

You'll get 200 grams of them, and noodle lovers often return for a bowl of their *aburasoba*, a soupless ramen that is all noodles, seasonings, and, of course, that amazing *chashu*. Sansanto is consistently top ten for its genre in most respected ramen magazines.
3-16-15 Nakajujo, Kita-ku, Tokyo, 18:00〜20:30 everyday except on Mon. & Thu.

Sengoku Jiman
→ P.50-51

Heavy *tonkotsu* soup, flavored with soy sauce, and accented with bits if silky *se-abura* back fat is nothing new. Plenty of shops in Tokyo serve it, and plenty of locals line up every day.

Health-wise, this kind of bowl is at the bottom of the list. Taste-wise, it is near the top. A few blanched bean sprouts is usually all you get in terms of vegetables, unless you count garlic as a green.

Sengoku Jiman, with four shops on the north side of central Tokyo, surely isn't health food, but does have a nice *yasai* version of their ramen. You still get the mega porky soup, and plenty of back fat, but you'll also be treated to a colorful pile of vegetables. Carrots, cabbage, and of course bean sprouts all make it in.
After the noodles are gone, get bukkake-meshi: a bowl of rice and a barely cooked *onsen tamago* to dump into the leftover soup.
HM Honkomagome Bldg. 1F, 6-5-4 Honkomagome, Bunkyo-ku, Tokyo, 03-3944-0336, 11:00〜2:00 Mon.-Tue/Thu.-Sat., 11:00〜0:00 Sun.

FILE 009 — TONKOTSU RAMEN & TORIPAITAN RAMEN

Shono
→ P. 52-53

At the time of writing, Shono-san has five Tokyo-based shops, with plans to open his sixth shop in San Francisco in America. Each shop is a completely different concept, tied together by one common factor, innovative, thick soups and homemade noodles. From a heavy chicken soup topped with fried chicken to a *tonkotsu* and lamb tsukemen, these shops are considered one of Tokyo's biggest success stories.
Despite the sheer variety, customers remain devoutly loyal to the original shop, Menya Shono. Any given weekday will have a line of suited salarymen and old ladies alike, all looking to slurp his signature *tonkotsu gyokai* soup.

The draw here is twofold.
First is the *gyokai tonkotsu* soup. Pork bones are cooked for two days, then blended with a light seafood soup made from dried saba mackerel and katsuo skipjack tuna. Paired with homemade noodles, thin for the ramen and thick for the tsukemen, and a solid array of toppings make this 10-years-running shop a Tokyo mainstay.
The second draw is the monthly limited menu. Shono has produced over 170 different limited bowls, ranging from lobster ramen to gold-topped foie gras tsukemen to a ramen made with tiny squids from Toyama Prefecture.

Crescent Bldg.1F, 1-3 Ichigayatamachi, Shinjuku-ku, Tokyo, 03-3267-2955,
11:00〜15:00/17:00〜23:00Mon.-Fri., 11:00〜23:00Sat., 11:00〜17:00Sun. & National Holiday

TONKOTSU RAMEN & TORIPAITAN RAMEN — FILE 010

Tanaka Shoten
→ P.54-55

When Tanaka-san was younger, he set out on a countrywide quest to eat and understand *tonkotsu* ramen. As expected, he was greatly influenced by Kyushu's Hakata style, a style from a town that is almost synonymous with creamy pork soup ramen. Using his experiences as a guide, he created his shop to an insane amount of success. Even with 16 counter seats and 20 tables, Tanaka Shoten is always packed. Who would have guessed that Tokyo's favorite Hakata ramen isn't even from Hakata?

Like others in this genre, customers can load up their bowl with the usual counter-top toppings. Bright red pickled ginger, hot mustard greens, sesame, minced garlic, and pepper.
For an added boost, the homemade aka-oni topping is a spicy ball of meat and miso.

Be sure to save room for at least one *kaedama*, the almost ritualistic extra serving of noodles that gets thrown into your remaining soup.
2-14-6 Hitotsuya, Adachi-ku, Tokyo, 03-3860-3232, 18:00~4:00everyday

ブライアンのラーメン・アドベンチャー 喜多方編

ラーメン仲間と週末喜多方ラーメン食い紀行

　日本には「オタク」があふれている。なにかに夢中になると、オタクのレッテルを貼られ、ジャンルやオタク具合によって分類される。たとえば、「テツオ」は鉄道好きの人のことで、鉄道に関する知識がとても豊富。「ノリテツ」は列車に乗るのが好きな人、「トリテツ」は列車の写真を撮るのが好きな人、列車の精巧なミニチュア模型のコレクターなどもいる。

　ぼくのようなラーメン食いは「ラオタ」と呼ばれる。ラーメンとオタクをくっつけた言葉だ。ラオタにもいろいろなタイプの人がいるので、ひとくくりにオタク扱いされるのは、ちょっと心外。これは、福島県の喜多方にラーメンを食べに行ったときに気づいたことなんだ。

　東京でラーメンを食べるときは、シマカゲ・ヒロシとエイブラム・プラウトと一緒のことが多い。エイブラムは、東京在住の外国人のなかでもダントツの鋭い味覚の持ち主。かたや、ヒロシはラーメンについてなんでも知っていて、まるで歩くラーメン事典だ。ヒロシの故郷は東北の田舎町、喜多方。水がおいしく、うまい酒、そして、ラーメンが有名だ。ぼくたち3人は、いつかいっしょに喜多方に行こうと話し合っていた。ある寒い秋の週末、それは実現した。

　ぼくが喜多方に入ったのは金曜日の夜。ほかの2人は同じ日の午後に着いて、すでにラーメン2杯を平らげていた。2杯はたいした量ではないが、翌日からのラーメン店巡りのことを思うと、かなりの大食いぶりだと思った。

　翌日の起床は午前6時。喜多方のラーメン店は「アサラ」を出すことで知られている。アサラは「朝のラーメン」という意味。まずは、［あじ庵食堂］で朝食にアサラを食べ、そのあと、［はせ川］に行った。2軒とも素晴らしくうまい。だけど、完食はムリ。ちょっと昼寝をして、［まこと食堂］で3杯目。その日の夕食はヒロシの幼なじみたちといっしょに楽しんだ。つまり、夕食までに3杯のラーメンを食べたことになる。

Ramen Adventures

　日曜の朝もアサラのために早朝起床。[喜一]であっさり系のラーメンを食べたが、さすがに限界。軽くすすれるラーメンだったが、もうお腹に入らない。残そうと箸を置いたとき、周囲の冷ややかな視線を感じた。そのとき、同じようなラーメン食いでも、違うタイプのラオタがいるんだ、と気づいた。完食の数を競う人たちだ。残さずに食べて、数千杯の完食記録をめざすラオタが存在する。たとえば、1年間にラーメンを750杯食べた20代の青年がいる。彼を長者番付の1位になったみたいにまつりあげるファンまでもいる。ブログのアクセス数も、とんでもなく多い。それより数値が高いものがあるとすれば、きっとコレステロールだ。

　ぼくのようなラオタは、自分が食べたラーメンの記録と紹介が楽しくてブログをやっている。ちなみに、ぼくのブログでは週2軒のペースで新しい店の記事をアップ。東京に加え、地方に気に入った店があれば定期的に訪れる。

　ヒロシとエイブラムは、すでに満腹のぼくを気にする様子もなく、次の店[塩川屋]でハーフサイズのラーメンを注文した。グッドアイデアだった。そのあとは、喜多方のもうひとつの名物、馬肉を売る肉屋で生食用の馬肉を買って、再び昼寝。午後に[香福]でラーメンを食べて、夕食はヒロシの地元の友だちと会食。最終列車にやっと乗って東京に戻った。次に行くときは、2日目のアサラにもう2杯追加しようと誓いながら。

　満腹でゆるめたベルトの下には、6杯のラーメン。かつて訪問したときの4杯を加えると、10杯。122軒ある喜多方のラーメン店の10%くらいを制覇したことになる。少しは自慢になる数かな、と思う。

Rokurokuroku
Eifukucho Taishoken
En
Fukumen Tomo
Harukiya
Hululu
KABO chan
Kokoroya
Matador
Mugi to Oribu

SHOYU RAMEN

Mutahiro
Nagi Golden Gai
Sabuchan
Saikoro
Shichisai
Soranoiro
Toy Box
Gamushara
Tsuta
Yamaguchi

666
永福町 大勝軒
煮干鯛らーめん 圓
覆麺 智
春木屋 荻窪本店
麺屋 Hulu-lu
麺屋 KABOちゃん
背脂煮干中華そば 心や
牛骨らぁ麺 マタドール本店
むぎとオリーブ

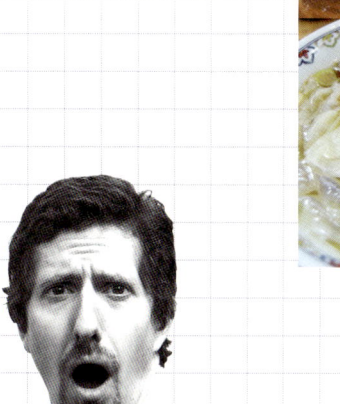

醤油ラーメン

中華そば ムタヒロ 本店
すごい煮干ラーメン凪 新宿ゴールデン街店 本館
さぶちゃん
肉煮干し中華そば さいころ
食堂 七彩
ソラノイロ
ラーメン屋 トイ・ボックス
生姜醤油 我武者羅
Japanese Soba Noodles 蔦
らぁ麺やまぐち

666
ろくろくろく

Rokurokuroku　　　　　　　　　　　　　　　　EN → P.106

濃厚な煮干だしにガツン！ときた

　数字3つで表す店名が風変わりと思うかもしれないが、[666]はロクロクロクと読むんだけど、ロックスターがロック、ロック、ロックする店と覚えるっていうのはどうかな？　東京の世田谷にある、しゃれていて居心地よいラーメン店なんだ。

　もともと長野県で展開していたラーメンの店だけあって、スープにインパクトを与えるために、信州産のコクのある醤油を使っているのが特徴。さらに6種の煮干でだしをとっているので、スープはすごく深みがあって後味も素晴らしい。

　チャーシューはじっくりと、たぶん6時間はかけたんじゃないかと思われるほど、じっくりと時間をかけてあるね。

　1回訪れただけでは味がわからないかもしれない。2回目でやっとなんとなくわかるって感じかな。もうこの店の味にハマりまくりになるのは6回ぐらい行かないとダメかも。

　通常以上のたくさんの煮干で風味を増したラーメンは、「ニボ」という言葉で表現されている。この「濃厚煮干中華そば」のスープは、ちょっと苦みがあって、ガツーンとくる味だね。これは意見の分かれるところで、人によっては主張しすぎと思うかもしれないし、ある人はおいしいと思うかもしれない。

SHOYU RAMEN

> 通常以上のたくさんの煮干で風味を増した ラーメンは「ニボ」という文字が目印だ。
>
> Some other menu items are denoted with nibo, meaning they are kicked up with much, much more niboshi than usual.

煮干だしが効いたスープに、じっくり煮込んだチャーシューが美味

煮干醤油ラーメン 750円
Niboshishoyu Ramen

東京都世田谷区駒沢4-19-11
03-3411-3666
11:30〜15:00 18:00〜23:30
不定休
東急田園都市線・駒沢大学駅から
徒歩8分

永福町 大勝軒
えいふくちょう たいしょうけん

Eifukucho Taishoken　　　　　　　　　　　　　　EN → P.106

開業から60年、この店は行列が絶えない

　1955年の開業以来、行列が絶えた日はない！　そんなことを断言できる店は日本でも世界でもあまり例がない。しかし、[永福町 大勝軒]はできる。

　開業当時、2つのことで評判になった。ひとつはとてもおいしいこと、もうひとつはとても安いことだ。たったの35円。儲けはほんのわずかだった。しかし客は増え、かろうじてやっていけた。

　もし東京で年配の男性に手当たり次第聞いてみたら、きっとみんな数回は食べたことがあると言うはずだ。歳月は流れ、料金は時代に相応して高くなったが、行列が途絶えたことはない。

　やがて、店はおみやげ用のセットを売るようになった。これも東京ではダントツで、最高の味と質を誇り続けた。

　といってもやはり、[永福町 大勝軒]の本当の魅力は行列に並び、席に座り、この店の歴史をたどることだ。

　唯一注意したいのは、ラーメンはやけどするほど熱い油の膜で覆われているので、普通の店のようにすすってしまわないことだ。ぼくが知っているラーメンファンは、初めて[永福町 大勝軒]に行ったとき、誰もが唇をやけどしている。注意!! 注意!!

　この店のスープは、煮干の細やかな味をどう反映し、どうすればラーメンを一段上のランクへ引き上げられるか、その見事なお手本なのだ。煮干は、長崎産、山口産、それに茨城産のイワシを特別に配合している。最後に、柑橘類のゆずと香り高い醤油をブレンドすることで、ラーメンは完璧に仕上がる。

　じっくり時間をかけて味わってほしい。たとえ、初めは期待どおりの味でなくても、きれいに完食してほしい。

SHOYU RAMEN

> ラーメンはやけどするほど熱い油の膜で覆われている。注意！注意！
>
> A word of warning before the praise: this oversized bowl is covered by a layer of scalding hot oil. Be careful.

煮干のだしと醤油ダレが決め手。丼も大きめでボリューム満点

中華麺 1080円　生玉子付 1130円

Chukamen+Namatamago

東京都杉並区和泉3-5-3
03-3321-5048
11:00〜23:00
不定休
京王井の頭線・永福町駅からすぐ

煮干鰮らーめん 圓
にぼしいわしらーめん えん

En   EN → P.107

締めで食べる卵かけご飯は最高だ

　この本で紹介している50の店のなかでも、不便な店というのはそう多くはない。たしかに、日本中の隅から隅までいたるところに、おいしいラーメンの店、個性的なラーメンの店は点在しているから、ラーメンファンにとっては、うまいラーメンを求めて旅をすることは価値のないことではないかもしれない。

　でも、はるばる電車に乗って、長い行列に並んで、やっと席に着いたと思ったら売り切れ御免だったというようなこともありうる。

　都心から約1時間かかる[圓]もまた例外ではない。[圓]はじつに驚くべき店なんだ。

　[圓]を簡単に紹介するなら、普通の煮干ラーメンの店と分類されるだけだ。でも、やっとのことで席に着いたとしても、それは必ず報われる。ここのラーメンにはきっと興奮するに違いないのだ。とにかく、非の打ちどころがない。

　麺は自家製の卵麺で、歯ごたえは完璧だね。その麺とちょっぴり苦みのあるだしのスープとのバランスが抜群で、見事に調和している。キーポイントは数ある煮干のなかでも高品質のイワシの煮干を使っていること。

　加えて、卵が素晴らしい。卵かけご飯のために、別腹をとっておくといい。アツアツのご飯の上に卵を割り入れて、醤油で味付けて食べるんだ。おいしいラーメンの締めにはナイスな趣向だよ。

SHOYU RAMEN

> 麺は自家製の卵麺で、歯ごたえは完璧だね。ちょっぴり苦みのあるスープと見事に調和している。
>
> Homemade egg noodles with the perfect bite pull up just the right amount of the slightly bitter broth.

麺、スープはもちろんチャーシュー、メンマなど具材がどれも秀逸

煮干しらーめん 780円
Niboshi Ramen

東京都八王子市横山町21-21
TEL 非公開
11:00〜15:00 17:00〜0:00
水曜11:00〜15:00
無休
各線・八王子駅から徒歩5分

FILE 014

覆麺 智
ふくめん とも

Fukumen Tomo EN → P.107

かつては一見さんお断りの会員制だった!?

　[覆麺 智]は伝説的な店だ。初めて行ったとき、スタッフはぼくを一瞥し、こう言ったものだ。「すみません。会員の方だけなんです」。 えっ！ ラーメンで会員制？ でも、それなりの理由があった。

　店主は自分の作品ともいえるラーメンにプライドがあった。とくに品切れになってしまうほどのスープだ。理屈っぽくなるが、もしスープをレンゲに2、3杯しか飲まない人がいたら、その人はラーメンを食べる楽しみという根本的なこと、基本的なことを忘れていることになる。

　会員証もあって、平日、会員同伴か会員の紹介がなければもらえなかった。ぼくだって会員証が欲しかった。

「友人の鈴木タケくんの紹介で来ました」

　これは嘘ではなかった。それにタケは(今は店が開きたいと東南アジアへ行ってしまったが)、ラーメン業界では名の知れた男だ。有名人の名前が出たので、マスターのいぶかしげなまなざしは続いていたものの、ぼくはすぐにラーメンにありつけた。

　もちろん、ぼくは麺を全部食べ、スープを飲み干し、ついに黒の会員証をもらった。これがあれば、いつでも[覆面 智]で食事ができる。素晴らしい！

　定番のラーメンはすっきりした醤油味で、黄色がかった弾力のある麺が入っている。期待どおり、スープは素晴らしく、わずかなチリ・ペーストがガツンとくる。

※現在は紹介や会員証がなくても入店できます。

SHOYU RAMEN

> スープは素晴らしく、わずかなチリ・ペーストがガツンとくる。期待どおりさ。
>
> As expected, the soup is fantastic, kicked up with just a touch of chili paste.

覆麺 780円

Fukumen

スープはあっさり系の醤油味。トッピングの揚げネギが香ばしい

東京都千代田区神田神保町2-2-12
TEL 非公開
11:00〜20:00
(水・土曜、祝日は〜17:00)
日曜休
地下鉄・神保町駅から徒歩2分

春木屋 荻窪本店
はるきや おぎくぼほんてん

Harukiya EN → P.108

荻窪のラーメン戦争を勝ち抜いた有名店

　東京のラーメン史が書かれた本なら、必ず[春木屋]の話が出ているに違いない。荻窪という街がちょっとしたグルメエリアとして話題にのぼったころに戻ってみよう。

　戦後の日本はたくさんの人が復旧・復興への道を探し求めていた。そこには優れた食を生み出すことも含まれていた。[春木屋]は1949年開業の店で、誰の記憶にも強烈な印象を残し、かつ変わりのない味を作ろうと努力していた。この信念はゆるぎなく、荻窪の街自体がラーメンの激戦区として知られるようになった。多くの店が有名になろうと努めたが、結局[春木屋]が有名店となり評判の店となったほどには、ほかの店は追いつけなかった。

　スープはあっさりしてはいるが優美さがともなっている。煮干、さまざまな野菜、それに豚骨と鶏ガラでだしをとる。そのだしに醤油が基本の秘伝のタレを加えると、東京スタイルのラーメンができる。

　アメリカのスーパーにあるオリエンタル味のカップラーメンは醤油系が多いけれど、[春木屋]のスープはその遠い親戚みたいな味で、それを特別に洗練させたもののような気がする。べつにカップ麺が悪いって言っているのではないけれど。

　人気のワンタン麺はちょっと高いけれど、中国料理を日本がうまく取り入れたすごくいい例だと思う。ちょうどよく微調整してあって、現代の最も卓越した料理のひとつと言っていい。

SHOYU RAMEN

> スープはあっさりしてはいるが優美さがあるんだ。
> The soup is simple yet elegant.

醤油味のスープに太めの麺。昔ながらの東京スタイルを頑固に守る

ワンタン麺 1250円
Wantanmen

東京都杉並区上荻1-4-6
03-3391-4868
11:00〜21:00
無休
各線・荻窪駅から徒歩2分

麺屋 Hulu-lu
めんや フルル

Hululu　　　　　　　　　　　　　　　　　　　EN → P.108

カフェのようなゆったりした空間がハワイアン！

　東京には受け狙いのラーメンの店が結構ある。
　たとえば、バレンタイン・デーの近くになるとチョコレート・ラーメン、東京スカイツリーを記念した異常に高い器に入ったラーメン、なにかの記念日用なのかわからないがフォアグラに金箔を添えたラーメン、思いつきとしか思えない組み合わせもある。

　たしかに写真の見栄えはいいかもしれない。でもそれだけだね。一度きりで十分。なので、ハワイがテーマのラーメンと聞くと、ちょっと懐疑的になってしまうのは仕方がないかも。トウモロコシのラーメンにパイナップルとスパムがのっているラーメンを想像してしまう。でも、そんなことはないから大丈夫。この店のハワイらしさというのは、まずは店のインテリアや雰囲気だから。

　店主はハワイが大好きな人で、とくにゆったりと流れるハワイの時の流れがお気に入り。ラーメン店で食事をしていると急かされていると感じることがないかな？　でもここは違うんだ。
　雰囲気はハワイだけど、ラーメンは完璧に日本式だ。
　手製の細麺はあっさりめの醬油や塩のスープとよく合う。トッピングが素晴らしいんだ。一口ごとに感じる鶏そぼろの歯ごたえがいい。
　おすすめはスパム・セット。スパムむすびがサイドディッシュに付いてくる。持ち帰りもOK。ラーメンと別に味わえるのがいいし、しその葉の香りがよく、とてもおいしい。

SHOYU RAMEN

> 雰囲気はハワイだけど、ラーメンは完璧に日本式だ。
>
> While the feeling is Hawaii, the ramen is fully Japanese.

糸辛子とカイワレ、メンマの下には、チャーシューと鶏挽肉

醤油SOBA 780円
Shoyu Soba

東京都豊島区池袋2-60-7
03-3983-6455
11:30〜15:00 18:00〜21:00
日曜、祝日11:30〜15:30
火曜休
各線・池袋駅から徒歩10分

麺屋 KABOちゃん
めんや カボちゃん

KABO chan EN → P.109

元ラーメンハンター、カボちゃんが開業した

　カボちゃんこと窪川さんは、ラーメン職人としての修業をしてきたわけではない。彼はひたすらラーメンを食べ続けてきたラーメンハンターだった。それと同時に有名なブロガーでもあったカボちゃんは、ついに、ラーメンを食べる人から作る人へと大変身したのだ。

　ラーメン・チェーンの凪グループのひとつ[西尾中華そば]が閉店することになり、カボちゃんは、6席ほどのその狭い店を受け継ぐことにした。有名店の先輩たちからいろいろなアドバイスを受け、支えられながら、カボちゃんは見事に成功を収めた。

　[KABOちゃん]は良質の醤油、丸鶏、それに3種の煮干を使ったコクのある中華そばを提供する。麺が素晴らしいと同時に、トッピングの味もずば抜けていて、チャーシューは以前の店を思い起こさせる。豚は秘伝のタレに2日間浸けてから炙る。卵も同じように2日間浸ける。どちらも必ず注文したい。このラーメンはとてもシンプルだが、ラーメン好きによるラーメン好きのための一杯なんだ。
　前の店にはなかった味噌ラーメンが代替わりとともにメニューに加わった。新メニューのなかでも珍しいのが、手作りシロップが添えられたかき氷(夜の部限定)。日本の暑い夏にはぴったりだ。

SHOYU RAMEN

> チャーシューの豚は秘伝のタレに2日間浸けてから炙る。
>
> Pork is marinated in the shop's special tare seasoning for around two days, then roasted to a golden brown.

> 鶏と魚介ベースのスープに細めのストレート麺。チャーシューも好評だ

しもふり中華そば 750円+味玉 100円
Shimofuri Chukasoba

東京都北区西ヶ原1-54-1
TEL 非公開
11:30〜15:00 17:30〜21:00
水曜休
各線・駒込駅から徒歩5分

背脂煮干中華そば 心や

せあぶらにぼしちゅうかそば こころや

Kokoroya   EN → P.109

ルーツは背脂たっぷりの燕三条ラーメン

　燕三条ラーメンという、新潟県のご当地ラーメンがある。新潟県中部の燕市、三条市を中心に広まったラーメンで、背脂たっぷりの濃厚なスープとうどんのように太い麺が特徴だ。

　この燕三条ラーメンの系統をくむ店が東京にもある。
　[我武者羅]という店が基本で、面白いことに、1週間のうちに3つの店が同じ店舗で名前もメニューも変えて営業していた。火〜金曜は[我武者羅]、土・日曜は[弥彦]、月曜は[どっかん]という名でそれぞれ味に特徴があるラーメンを提供したのだ。
　[我武者羅]はしょうがが味を引き締める醤油ラーメン、[弥彦]は味噌ラーメン、[どっかん]は燕三条ラーメンに最も近く、背脂たっぷりの煮干醤油ラーメンという具合だ。
　その[どっかん]が味はそのままに、毎日営業の専門店として独立。[心や]として[我武者羅]の近くに店舗を構えた。

　[心や]のラーメンはかなり強烈だ。
　背脂はすでにスープの中にたくさん入っているにもかかわらず、[心や]ではさらにトッピングとして背脂をすくって振りかける。背脂はまるでシルクのようになめらかで麺によくからみ、すするごとに口の中に広がる。まろやかな味に誘われてどんどん食がすすむのは驚くばかりだ。

SHOYU RAMEN

> 背脂はすでにスープの中にたくさん入っているけど、さらにトッピングとして背脂をすくって振りかけるんだ。
>
> While seabura is often seen in soup, Kokoroya ladles it on as a topping.

燕三条ラーメンの伝統を受け継ぎ、背脂がたっぷり投入されている

中華そば 730円
Chukasoba

東京都渋谷区幡ヶ谷2-19-2
03-3376-3370
11：30〜15：00 18：00〜翌3：00
土・日曜、祝日11：30〜翌3：00
不定休
京王新線・幡ヶ谷駅から徒歩3分

牛骨らぁ麺マタドール本店
ぎゅうこつらぁめんマタドールほんてん

Matador　　　　　　　　　　　　　　　　　　　　　　　EN → P.110

ついに、おいしいビーフラーメンを完成させた

　これまで多くの人が挑戦して叶わなかったのが、ビーフラーメンだ。

　牛骨でスープを作るのが難しい。ビーフのスープは甘くなり過ぎてしまうからだ。しかも、麺をすするにつれ、ますます甘みが増す。野菜や穀物も加えてだしをとったビーフ・コンソメは素晴らしい食事を生み出すが、ビーフラーメンにするとそうでもない。

　[マタドール]の店主、岩立さんはなんとかしたいとこれに挑戦、成功した。努力が実り、今では東京で最も評判の店のひとつとなった。

　メニューの品目はどれもすごいが、ほとんどの客が注文するのはおきまりの贅沢焼牛らぁ麺。2切れの厚切りローストビーフがのった豪華な一品だ。強い醤油の香りが3種の玉ネギで丸くなる。もちろん、ハイライトは、トッピングのジューシーなローストビーフだ。こんなに気前よく大きなカットをのせる店はほかには見つからない。

　どの客も丼のスープをきれいに飲み干す。これこそ、まさに最後の一滴まで飲み尽くしたいスープなのだ。

SHOYU RAMEN

> これまで多くの人が挑戦して叶わなかったのが、ビーフラーメンなんだ。
>
> Making ramen with beef bones is tough, just ask any of the many failed shops that tried.

大きな焼牛が丼を覆う。牛骨ベースのスープは洗練された甘さが好評

贅沢焼牛らぁ麺 1080円
Zeitaku Chagyu Ramen

東京都足立区千住東2-4-17 中村ビル1F
03-3888-3443
11：30〜14：30 18：00〜21：00
日曜、祝日11：30〜16：00
月曜休
各線・北千住駅から徒歩3分

むぎとオリーブ

Mugi to Oribu　　　　　　　　　　　　　　EN → P.110

淡水ハマグリを使った新しいスープを創出

　2、3年前、ダブルスープというものが大流行した。2種類の異なるスープを合わせたスープのことだ。ひとつは鶏と豚、もうひとつは魚だ。それを最後の瞬間に混ぜる。この方法はラーメン職人にとって、仕上げがしやすい。あっさりとしているとか、洗練されていると評価されているラーメンの多くが取り入れている。

　［むぎとオリーブ］はさらにトリプルスープへと進化させた。ここでいう第3のスープとは、国産の新鮮な淡水ハマグリでだしをとったもので、ほかのあらゆる旨みの層に風味を加えている。京都から取り寄せる特製の麺や手作りの醤油、日本で最高といわれる産地の卵ともよく合う。
　［むぎとオリーブ］はじつに品質の基準が高いのだ。

　オリーブオイルをたらしたり、細切りにしたナルトを結んでトッピングするというようなアイデアはとても気が利いている。一方で、この店のスープなしの混ぜそばは東京でも最高の味のひとつと評価が高い。［むぎとオリーブ］のラーメンは、まさしくこだわりにこだわりを重ねた代物だ。

SHOYU RAMEN

> オリーブオイルをたらしたり、細切りにしたナルトを結んでトッピングするというようなアイデアはとても気が利いているよね。
> Hints of olive oil and a nice piece of knotted fish cake are nice touches.

蛤100％の魚介スープを使用。鶏、煮干だしをブレンドしたものもある

蛤SOBA 980円
Hamaguri Soba

東京都中央区銀座6-12-12
銀座ステラビル1F
03-3571-2123
11：30〜22：00（土曜、祝日は〜21：00）
日曜休
地下鉄・東銀座駅から徒歩4分

中華そば ムタヒロ 本店
ちゅうかそば ムタヒロ ほんてん

Mutahiro   EN → P.111

カントリー調のおおらかな雰囲気がいい

　超有名なラーメン・チェーンの[凪]から出たラーメン職人の牟田さんは、新たなグループ店舗を次々と開店した。どこも国分寺駅から徒歩圏内にある。

　東京の西側というのは見過ごされがちだが、ラーメン帝国を築くには十分に機は熟していた。どの店もそれぞれユニークなコンセプトだが、一様に楽しくて、ちょっとおどけた感じだ。いい例が、スタッフのつなぎと麦わら帽のユニホームで、カントリーサイドに来た雰囲気を醸し出しているところ。

　本店は[中華そば ムタヒロ]として知られているが、メニューは3種のパートに分かれている。ワハハとナハハとアハハだ。

　基本はワハハ煮干そば。石川県産の煮干をたっぷり使ったうまいだしと、深みのある醤油のライトなスープだ。ただこれに背脂を追加すると味にアクセントが出る。

　ナハハは塩のそば、アハハは煮干つけ麺だ。

　スープを飲み干した人にはサプライズが用意してある。

　もしも丼の底に「当り」の文字があったら、どのムタヒロでも永遠に有効な、トッピング無料のVIPステッカーがもらえるのだ！

SHOYU RAMEN

> スープを飲み干した人にはサプライズが用意してあるんだよ。
> Those who clean the soup out of the bowl might get a surprise.

大きなチャーシュー、穂先メンマやネギがのり、背脂もたっぷり

ワハハ煮干し味玉そば 850円
Wahaha Niboshi Ajitama Soba

東京都国分寺市南町3-15-9
寿コーポB号1F
042-315-2728
11:30〜15:00 18:00〜23:00
(日曜、祝日は〜21:00)
月曜休
各線・国分寺駅からすぐ

FILE 022

すごい煮干ラーメン凪 新宿ゴールデン街店 本館
すごいにぼしラーメンなぎ しんじゅくゴールデンがいてん ほんかん

Nagi Golden Gai　　　　　　　　　　　　　　　EN → P.111

飲み屋街のど真ん中で大繁盛

　地元の人気店からアジアのスーパースターへと［凪］は駆け上がった。香港、インドネシア、台湾、フィリピンへも出店し、成功を収めた。
　そう聞くと、品質の低下を心配する人もいるかもしれないが、大間違い。とくに新宿ゴールデン街店は大当たりをしている。

　ゴールデン街はじつに奇妙で現実離れした街だ。ブレードランナー風の街、歌舞伎町の歓楽街の一角にあり、バーだけが集まる。そんな強烈でさまざまな要素を含んでいるこの街には、さまざまな要素を含む強烈なラーメンがふさわしい。まさに、それが［凪］のラーメンなのだ。

　きっと誰もがここの煮干スープの味が忘れられず、その味にやみつきになる。それを出すために、4、5種の異なるイワシが約60kg、スープの鍋に入る。
　味は衝撃的で、ここに来る前におそらくは飲んできたであろうアルコールを一時的に中和する。そう、ここのラーメンは二日酔いに効く妙薬でもある。

　太さが違う2種類の自家製麺がひとつの丼に入り、スープがよくからむ。いくら食べても一口目と変わらない食感だ。コクのある醤油と魚の香りが素晴らしく、あまりのおいしさに、このクレイジーな街の真ん中にある小さなバーのようなラーメン店にいることを忘れてしまう。

SHOYU RAMEN

> ここのラーメンは二日酔いに効く妙薬でもあるんだよ。
> This ramen is the ultimate hangover medicine.

20種類以上の煮干を使ったスープと太めの手もみちぢれ麺がマッチ

すごい煮干ラーメン 820円
Sugoi Niboshi Ramen

東京都新宿区歌舞伎町1-1-10 2F
新宿ゴールデン街内
03-3205-1925
24時間
無休
各線・新宿三丁目駅から徒歩3分

さぶちゃん

Sabuchan　　　　　　　　　　　　　　　　　　EN → P.112

昔ながらのスタイルを守り続ける懐かしい店

　この本で紹介している50軒は比較的新しい店が多いが、なかには古風なラーメン、いわゆる根っから保守系のラーメンもある。

　ラーメンの歴史は奥深いが、一般的に昔ながらのラーメンといえば、透明な醤油味のスープに弾力のある麺、それに月並みなトッピングというおきまりの傾向を延々と守り続けている。

　こういうスタイルは悪くないけれど、新しい味を求めてラーメンの食べ歩きをしていないと、いつも食べる同じ味に飽きてしまうかもしれない。しかし、こういう古風な店のなかにも、とびきりおいしくて飽きさせないラーメンを出す圧倒的な一軒がある。

　［さぶちゃん］はそういう店だ。

　1967年開業のこの店は少しも変わっていないように見える。店主はこつこつと、同じものを繰り返し繰り返し作り続ける。ときどき、店の裏にある窓の外でたばこを吸って、休憩をとる。ランチタイムになるとサラリーマンが、半ちゃんラーメン（チャーハン付ラーメン）を求めて熱心に行列をつくる。半ちゃんラーメンというのはここ［さぶちゃん］で考案されたようだが、なかなかいいアイデアだ。

　おかしいほど単純だが、このラーメンは東京のラーメンの豊かな歴史をたたえる一品といえる。［さぶちゃん］に行くことは、聖地巡礼みたいなものに違いない。

SHOYU RAMEN

> 半ちゃんラーメンというのは、ここ[さぶちゃん]で考案されたんだって。
>
> That idea, ramen served with fried rice, was invented here at Sabuchan.

醤油にしょうが風味のスープ、麺は細い卵麺。元祖、東京ラーメン

らーめん 600円

Ramen

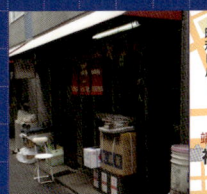

東京都千代田区神田神保町2-24
木下ビル1F
03-3230-1252
11:30〜15:00 16:30〜19:30
日曜・祝日休
各線・神保町駅から徒歩3分

肉煮干し中華そば さいころ
にくにぼしちゅうかそば さいころ

Saikoro　　　　　　　　　　　　　　　　　　　EN → P.112

トッピングのチャーシューを存分に味わいたい

　ラーメンを日本のソウルフードと謳うラーメン店[地雷源]が数年前に閉店したとき、地元のラーメン好きたちは、元気になるラーメンが食べられなくなると嘆いたものだ。

　だが、うれしいことに、[地雷源]グループのもと、[さいころ]がオープンした。材料や調理法は異なっているが、同じ流れが感じられ、ラーメンの未来は再び明るくなった。

　このラーメンの特徴をひとつだけ挙げるのは難しい。麺は店の2階で打たれていて、北海道産の栄養価の高い小麦粉を使用、水とかん水が絶妙なバランスを保っている。だしは、イワシ、サバ、カツオなど数種の乾物を使い、スープに重厚感がある。

　なんといっても素晴らしいのはやわらかな肉のスライス。品名に"肉"の文字があるメニューならどれでも好きなものを頼んでみよう。8〜10切れは入っている。それから、月の29日にはぜひ訪れよう。29は日本語でニクとも発音する。ニクの日は肉煮干し中華そばがたったの500円という低価格で食べられるのだ。

SHOYU RAMEN

> なんといっても素晴らしいのは肉のやわらかなスライスなんだ。
> For many, though, the highlight is the tender cuts of meat.

煮干しだしのスープに中太麺が好相性。チャーシューが丼を覆う

肉煮干し中華そば 780円
Niku Niboshi Cyukasoba

東京都中野区中野2-28-8 1・2F
03-6304-8902
11:00〜翌1:30（LO、日曜・祝日は〜23:00）
無休
JR中野駅から徒歩3分

食堂 七彩
しょくどうしちさい

Shichisai　　　　　　　　　　　　　　　　　　　　　　　EN → P.113

ルーツは喜多方ラーメン、無化調にこだわる店

　喜多方は福島県の内陸部にあり、酒や醤油、味噌などの醸造業で栄えた蔵の街。それに日本全国の街のなかで人口1人あたりのラーメン店の数が最も多い街としても知られている。なかには午前7時から開店する店もあり、ここでは朝ごはんにラーメンを食べる人もいるほど。だから、朝7時から行列ができるのもけっして珍しい光景ではないのだ。

　喜多方のラーメンは基本が醤油味で、あっさり系からこってり濃厚系まで個性豊か。麺は太めの手揉み風ちぢれ麺を使う。
　[七彩]は、喜多方ラーメンの原点に戻り、スープも具材もシンプルを基本にした。チャーシューは豚のバラ肉とモモ肉の2種類を使い、味付けや調理法を工夫してバリエーションを出す。

　加えていうと、[七彩]こそ、先陣をきって世の中に無化調を広めた店のひとつだ。無化調とは化学調味料を使わないこと。化学調味料ゼロのスープと、選び抜いた小麦粉で作る自家製麺が、さまざまなバリエーションの基本になる。

　[七彩]の定番は「喜多方ラーメン」。夏には冷やしラーメンを提供し、ときどき限定メニューが登場する。新しいメニュー開発にも意欲的だ。
　が、はじめて訪れたら、まずはオリジナルの「喜多方ラーメン」を注文しよう。

SHOYU RAMEN

> ほとんどのファンは、店オリジナルの喜多方ラーメンを注文するんだ。
> Most fans stick with the shop's original Kitakata ramen.

あっさり醤油味のスープに自家製平打ちちぢれ麺。やさしい味わいの一品

喜多方らーめん 820円
Kitakata Ramen

東京都中野区鷺宮3-1-12
03-3330-9266
11:30～15:00 19:00～25:00頃
土・日曜、祝日11:30～22:00頃
第3火曜休
西武新宿線・都立家政駅から徒歩3分

ソラノイロ

Soranoiro　　　　　　　　　　　　　　　EN →P.113

新しいラーメンを次々と創造する

　近ごろの食の流行はちょっと常軌を逸していて、風変わりなアイデアを追う傾向にある。おかしな食材、変わった調理法、あやしい風味。

　若い料理人は自分の特徴ある料理を創造するために、伝統的なものを壊そうとする。しかし、これをラーメンにあてはめられると問題で、ことに新進の海外マーケットにおいてはなおさらだ。

　なぜなら、ラーメンのように単純な料理を他に代用したり、何かと置き替えたり、いじくりまわしたりすることは結果的に失敗することが多い。が、幸せなことに、伝統的な中華そばを完成した宮崎さんのようなラーメン職人たちがいる。彼らの成功は、なにか新しいことに挑戦するときに必ず生かされるはずだ。

　[ソラノイロ]の中華そばは確かだ。おいしいラーメンとは何かを学ぶ授業のようなもの。東京でいちばんの伝統を踏まえた"新しい"ラーメンのために、鶏と豚の透明なスープに長野県産の醤油を加える。

　素晴らしい一品はカラフルなベジソバ。スープは肉ベースのスープと新鮮な野菜をブレンドしたポタージュのよう。パプリカを練り込んだオレンジ色の麺とマッチしている。さらにトッピングにも野菜がいっぱい。中華そばとベジソバ、この2つのメニューが客を週1のペースで引き寄せる。

　さらに、宮崎さんは月の限定メニューを展開。過去の限定メニューでは、正月を祝うあずきラーメン、揚げチーズがトッピングされた豆乳ラーメン、スープも麺もトッピングもすべて緑のグリーン・ラーメンなど。おまけに過去の限定メニューのカタログ本も買える。どれを逃したかチェックするのにも便利だ。

SHOYU RAMEN

> すごいメニューは、カラフルなベジソバだよ。
> The crazier menu item is a colorful veggie soba.

スープにニンジン、麺にはパプリカを練り込んだ、カラフルな一品

ベジソバ 800円

Vegi Soba

東京都千代田区平河町1-3-10
ブルービル本館1B
03-3263-5460
11:30〜15:30 18:00〜22:00
土・日曜11:00〜15:30
祝日11:00〜21:00
無休
地下鉄・麹町駅から徒歩3分

ラーメン屋 トイ・ボックス
ラーメンや トイ ボックス

Toy Box　　　　　　　　　　　　　　　　　　　　　　EN → P.114

品質にこだわった完璧な醤油ラーメンをめざす

　都心から西へ1時間ほどのところに、伝説的ともいえるラーメンの店があった。客は静かに着席し、リーゼントのマスターが、完璧な茹で加減の麺を最高品質のスープに注意深く注ぐのを、じっと見つめる。

　話題の店[69 N' Roll One]（ロックンロール・ワンと読む）の系譜で、その店は閉店してしまったのだが、かわりに、幸運にも何人かの彼の弟子が聖火をリレーし、それぞれの店を開いている。そのひとつ、[トイ・ボックス]は、かつて町田で開業し、赤坂に移転した。

　[トイ・ボックス]のラーメンは完璧で、千葉などから取り寄せる醤油は香りが際立ち、さらに品質が良いとよくいわれる鶏油を使っている。
　品質の悪い鶏油(チーユ)は、その風味がなにもかも台無しにしてしまうし、後味が悪い。放し飼いにしている鶏を使うので、[トイ・ボックス]の鶏油は口の中をうっすらと覆う。
　事実、[トイ・ボックス]は汁なしの鶏油そばがおいしく食べられる数少ない店のひとつ。でも、確かなのは普通の醤油ラーメンを注文することだと、ぼくは思うんだが。

SHOYU RAMEN

[トイ・ボックス]のラーメンは完璧！千葉などから取り寄せる醤油は香りが際立つんだ。

While everything is near perfect in this bowl, it is the use of aromatic specialty soy sauce from Chiba

豚と鶏のチャーシュー、メンマとネギがのった、超基本形

醤油ラーメン 750円
Shoyu Ramen

東京都荒川区東日暮里1-1-3
03-6458-3664
11:00～15:00 18:00～21:00
日曜、祝日11:00～15:00
月曜休(祝日の場合は翌日休)
地下鉄・三ノ輪駅／都電荒川線・三ノ輪橋駅から徒歩2分

生姜醤油 我武者羅
しょうがじょうゆ がむしゃら

Gamushara　　　　　　　　　　　　　　　　　　EN → P.114

しょうがを使ってカラダにプラスのラーメンを創った

　ラーメンの健康効果をその長所として主張するような店はほとんどない。たいていの店はごくわずかの野菜を投げ込んで、香りづけのためのスパイスを振りかけているだけで、お客が健康で長生きするようなことに役立とうなんてことは考えていない。

　でも[我武者羅]の店主、蓮沼さんは違った。

　大量のしょうがで醤油ラーメンをパワーアップする。その健康的な効果はさまざまだ。しょうがは血液を温め血流を良くする。しょうがは冷え性を改善する。しょうがは消化にいい。

　蓮沼さんの狙いどおり、[我武者羅]のラーメンを食べると元気になるんだ。最初の一口をすすったとたんに体が温まる。

　新潟出身者なので当然たくさんの新潟産の材料を使う。芳醇な醤油は黒々とした色に醸造され、ことのほか素晴らしい。トッピングにはビタミン豊富なホウレン草が、より健康的な印象を与える。

　このラーメンは蓮沼さんの故郷からヒントを得ている。じつは生姜醤油ラーメンは、東京から200〜300km離れている新潟県、とくに長岡周辺で大ブームになった。本場新潟で1週間食べ続けたとしても、この店[我武者羅]の生姜醤油ラーメンのほうがおいしい、と心から思う。驚くべきことだ。

SHOYU RAMEN

> このラーメンは蓮沼さんの故郷からヒントを得ているそうだよ。
> This style of ramen is inspired by Hasunuma-san's home.

新潟産の醤油を使用、しょうがの風味を効かせた黒いスープが特徴

生姜醤油らぁ麺 720円
Shogajoyu Ramen

東京都渋谷区幡ヶ谷2-1-5 弓ビル1F
03-6772-7200
11:30〜15:00 18:00〜0:00
不定休(土・日曜は別店舗「濃厚味噌 弥彦」として営業)
京王新線・幡ヶ谷駅から徒歩2分

Japanese Soba Noodles 蔦
ジャパニーズ ソバ ヌードル つた

Tsuta　　　　　　　　　　　　　　　　　　　　　EN → P.115

輝くトリュフが完成度をさらに高める洗練された味

　巣鴨は面白い。駅の北にある地蔵通りは、高齢者向けの店がたくさん並ぶショッピングストリートだ。白髪で65歳は超えていると思われる人たちは、巣鴨を"おばあちゃんの原宿"と呼ぶ。髪を紫に染めたようなおしゃれな老婦人が多く、高齢者の数は道行く人の70%以上。還暦祝いに着る赤いちゃんちゃんこや下着を売る店も多く、レストランの数より多い。

　それに比べると駅の南側は魅力に欠ける。進学率の高いエリート高校(そのうちの1校でぼくは5年近く働いていたんだ)や、いかがわしいアダルトな通り、それに公園などがあるが、ほかにはあまり見るべきものはない。でもそれは、[蔦]ができるまでのことだった。

　店主の大西さんは、行列の絶えない有名店で修業を積んだから、ラーメン店の開業には期待が高まり、[蔦]はそれに応えてくれた。
　ここではあっさりした醤油そばを選ぶのがいいだろう。醤油そばには3種の生醤油を使っている。生醤油とは小さな手作り醸造所で造られる低温殺菌していない醤油のこと。醤油の香りは、わずかに加えるトリュフ・オイルによって強調される。トリュフ・オイルを日本のラーメンに使うなんてとても珍しい。

　[蔦]は東京で最も洗練されたラーメンを提供するといっていいだろう。高品質な素材(完全に保存料不使用)で作られるあっさりしたラーメンとはどんなものか、客はそれを瞬時に味わう。その一杯はグルメの水準といっていい。

SHOYU RAMEN

> この店へ来たら、あっさりした醤油そばを頼むのがおすすめだよ。
> The simple shoyu soba is an easy choice.

上品な旨みたっぷりのあっさり系スープが美味。細麺とよく合う

味玉醤油そば 950円
Ajitama Shoyu Soba

東京都豊島区巣鴨1-14-1 Plateau-Saka1F
03-3943-1007
11:00〜16:00
火・水曜休
(火曜は味噌専門店として営業)
各線・巣鴨駅からすぐ

らぁ麺やまぐち

らぁめんやまぐち

Yamaguchi　　　　　　　　　　　　　　　　　EN → P.115

チャーシューもスープも鶏ベース

　最近のラーメンの潮流は、あっさりした味わいや良質の食材にこだわる傾向だ。多国籍料理の分野はおいしい創作料理へと進歩しているが、根っからのラーメンファンは、もう少し慣れた味へのこだわりがある。

　［やまぐち］はそこにぴったりハマった。店は比較的新しく、2013年初めのオープンだが、ブレないファンを増やしている。

　［やまぐち］ではラーメンのだしに豚を使わない。

　スープ、タレ、それに油も鶏ベースだ。これは豚を制限している人にとってはおあつらえ向きだ(豚チャーシューは、希望により鶏に変更もできる)。

　常連客は、店でじっくり煮込んだ鶏チャーシューをきまって追加注文する。放し飼いにされている鶏だけを材料にして作るチャーシューはやわらかい。濾過されていない醤油は深みがあり、麺は京都にある評判の製麺所から届く。素晴らしい歯ごたえだ。

SHOYU RAMEN

[やまぐち]では、ラーメンのだしに豚を使わないんだって。
Almost no pork goes into the bowl at Yamaguchi.

比内地鶏、吉備黄金鶏などを使用した鶏100%の濃厚な鶏だし

味玉入り鶏そば 880円
Ajitama-iri Tori Soba

東京都新宿区西早稲田2-11-13
03-3204-5120
11:30〜15:00 17:30〜21:00
土・日曜、祝日11:30〜21:00
月曜休
（祝日の場合は翌日休）
地下鉄・西早稲田駅／都電荒川線・面影橋駅から徒歩5分

FILE 011-012   SHOYU RAMEN

Rokurokuroku → P.66-67

Don't let the name fool you, 666 is a wonderful, welcoming ramen shop in the Setagaya district of Tokyo. 666 is pronounced rokurokuroku, so think of this as a place for rock stars to rock, rock, rock. Isn't that better?

Hailing from Nagano Prefecture, the shop uses a robust soy sauce from the Shinshu region to add a huge impact to the soup. Made with six kinds of dried fish, this one has a big, wonderful aftertaste. Topped with slow roasted *chashu* (six hours, as expected), many customers feel like once isn't enough. Or twice even. Maybe it takes six times before you finally realize you are hooked.

Some other menu items are denoted with nibo, meaning they are kicked up with much, much more *niboshi* than usual. These have a strong, bitter taste that might be too much for some, but are fantastic for others.

4-19-11 Komazawa, Setagaya-ku, Tokyo, 03-3411-3666, 11:30〜15:00/18:00〜23:30, irregular

---

Eifukucho Taishoken → P.68-69

A line since 1955. Not many shops in Japan, or the world for that matter, can make such a claim. Eifukucho Taishoken can.

When they opened, they gained notoriety for two things: being very tasty and being very cheap. At just 35 yen, they were barely making a profit. But barely scraping by was enough, and the shop continued to grow its customer base.

If you talk to any random old man in Tokyo, they are bound to have slurped here a few times. As the years went by, the prices became much more normal, but the line never stopped. Soon the shop began selling takeaway ramen kits out of a dedicated side window. These takeaway kits are, hands down, the best of their kind in Tokyo.

But the real draw of Eifukucho Taishoken is standing in that line, getting a seat, and taking a trip back in history. A word of warning before the praise: this over-sized bowl is covered by a layer of scalding hot oil. Regular slurping skills need to be adapted. Every ramen fan I know has burnt their mouth on their first trip to Eifukucho Taishoken. Be careful.

The soup here is a perfect example of how attention to niboshi detail can take a bowl to another level. They use a very specific blend of Japanese sardines from Nagasaki, Yamaguchi, and Ibaraki prefectures. Hints of yuzu citrus and a flavorful blend of soy sauce seasonings complete the bowl.

Take your time, and, even though it isn't expected of you, try and finish the entire bowl.

3-5-3 Izumi, Suginami-ku, Tokyo, 03-3321-5048, 11:00〜23:00, irregular

SHOYU RAMEN   FILE 013-014

En
→ P. 70-71

Not many shops in this list of 50 are inconvenient. Sure, great shops dot every nook and cranny of Japan, but making the trek might not be worth it for the average ramen fan. Long train rides, long lines, and the chance that the shop will already be out of soup when you arrive are all factors. En, about an hour from more convenient spots in the Tokyo area, is definitely an exception. En is amazing.

En, on paper, is a standard bowl of niboshi ramen. When you finally make it to a seat, though, it hits you. This is an almost perfect bowl.

Homemade egg noodles with the perfect bite pull up just the right amount of the slightly bitter broth. The key is the skilled use of some quality iwashi sardines, among other dried fish.

The eggs are to die for. Save some room for an order of tamago-kakegohan. You'll be given a choice of farm fresh eggs to crack over hot rice, season with soy sauce, and eat. A nice way to end your trek for ramen.

21-21 Yokoyamacho, Hachioji City, Tokyo,
11:00~15:00/17:00~0:00Thu.-Tue., 11:00~15:00Wed.

Fukumen Tomo
→ P. 72-73

Fukumen Tomo is legendary. The first time I showed up, the staff took one look at me and said, "Sorry, members only." Yep, a members-only ramen shop. But there was a reason. The master takes great pride in his craft, especially in his soup, which would run out daily. Someone who only finished a few spoonfuls was, in essence, depriving a more worthy soul of their ramen enjoyment. Seems logical.
On weekdays, only those with an introduction were allowed to apply for a member's card. I had to have one.

"Ah, my friend Take Suzuki sent me." This was true, and Take was known on the ramen scene (he has since gone on to open shops in Southeast Asia). The name-dropping worked, and I soon had a bowl, along with the watchful eye of the master.
Sure enough, I cleaned the bowl dry, and was given a black card. I had been given the right to dine at Fukumen anytime. Solid.

The standard bowl is a clean-tasting *shoyu* ramen with springy yellow noodles. As expected, the soup is fantastic, kicked up with just a touch of chili paste.

2-2-12 Kandajimbocho, Chiyoda-ku, Tokyo,
11:00~20:00Mon.-Tue./Thu.-Fri., 11:00~17:00Wed., Sat. & National Holiday

FILE 015-016 SHOYU RAMEN

Harukiya
→ P.74-75

Any book about the history of Tokyo ramen would have an entire chapter devoted to Harukiya. Back in the day, Ogikubo, a suburb just west of central Tokyo, became home to a bit of a gourmet boom.

Postwar Japan had many people seeking to rebuild, and part of that was creating excellent food. Harukiya opened a shop in 1949 and strove to have one of the most memorable, consistent flavors in Tokyo. This concept stuck, and Ogikubo became known as the original ramen battleground. Many shops sought to make their name here, and while some stood the test of time, none other than Harukiya remained as famous and respected.

The soup is simple yet elegant. Niboshi dried sardines, various vegetables, and both pork and chicken bones are used for the soup. Add to that a closely guarded *tare* seasoning made with soy sauce, and you have Tokyo-style ramen. Sounds simple? If you've ever had oriental-flavor cup noodles, this is a distant cousin flavor-wise, without the negative associations of eating a Styrofoam cup of instant noodles.

The wantanmen, though coming at a price, is one of the best examples of how Japan took a very Chinese dish, tweaked it just enough, and made one of the modern era's most prominent dishes.

1-4-6 Kamiogi, Suginami-ku, Tokyo, 03-3391-4868, 11:00~21:00everyday

---

Hululu
→ P.76-77

Gimmicky ramen exists in Tokyo in droves. Chocolate ramen around Valentine's Day? Yup. An unusually tall bowl to commemorate Tokyo Sky Tree, the tallest tower in the world? Of course. A random mix of foie gras and gold leaf for your shop's anniversary?

Sure. It is often worthy of a photo and nothing else. One and done. So when I see a Hawaiian theme, I'm skeptical. Is it a corny "Hawaiian" bowl, topped with pineapples and spam? No way! The only thing that screams Hawaii here is the decor.

The owner just likes Hawaii and the idea of a slowed-down Hawaii-time. Often, dining at a ramen shop can feel rushed; not here.

While the feeling is Hawaii, the ramen is fully Japanese. Thin, handmade noodles are matched with a lighter-than-average *shoyu* or shio soup. Toppings are quality; a little bit of ground chicken gives a nice textural contrast with each slurp.

Recommended is the spam set, which comes with a side of spam musubi, a rice ball that you can take home as a snack. It is quite tasty, flavored with Japanese shiso herb, and thankfully served separate from the ramen.

2-60-7 Ikebukuro, Toshima-ku, Tokyo, 03-3983-6455,
11:30~15:00/18:00~21:00Mon. & Wed.-Sat., 11:30~15:30Sun. & National Holiday

SHOYU RAMEN   FILE 017-018

KABO chan
→ P.78-79

Kubokawa-san, lovingly referred to as Kabo-chan, has had no formal training as a ramen chef. What he does have, though, are many, many bowls under his belt. As a well-known ramen-hunting blogger, Kabo-chan made the logical leap from ramen eater to ramen maker.

When Nishio, an excellent shop under the Nagi Universal Noodle group, decided to close their six-seat hole-in-the-wall. Under the watchful eyes of great masters, a successful successor was born.

Kabo-chan serves a robust bowl of chukasoba, made with high-quality soy sauce, local Japanese chicken, and three different kinds of *niboshi*. While the ramen is excellent, the toppings are what stand out for most people. The *chashu* is reminiscent of the former shop. Pork is marinated in the shop's special *tare* seasoning for around two days, then roasted to a golden brown. The eggs are also soaked for around two days, making them a must-order item.
While this bowl is quite simple, it is very much for ramen lovers, created by a ramen lover. Since opening, Kubokawa-san has added a miso ramen to the menu, as well as homemade kakigori, shaved ice that is quite excellent during the hot Japanese summers.
1-54-1 Nishigahara, Kita-ku, Tokyo, 11:30～15:00/17:30～21:00everyday except on Wed.

Kokoroya
→ P.80-81

There is a shop in Tokyo, hailing from Niigata Prefecture, that completely changes their menu, and name, three times a week. Gamushara is a deep *shoyu* ramen spiked with ginger. Yahiko is a rich Niigata miso with beautiful chunks of stewed pork. Kokoroya is a Tsubame Sanjo style bowl; heavy *tonkotsu shio* with mounds of pork back fat as a topping. Luckily, for fans of Kokoroya, which used to be called Dokkan until recent years, they opened their own, never-changing branch just down the road.

The bowl at Kokoroya can be intimidating. While *se-abura* is often seen in soup, Kokoroya ladles it on as a topping. The spoonfuls of fat chunks are deceptively silky-smooth, latching on to every slurp of noodles. The most surprising thing about this kind of fat, you don't feel like you just ate half a cut of pure fat.
2-19-2 Hatagaya, Shibuya-ku, Tokyo, 03-3376-3370, 11:30～15:00/18:00～3:00Mon.-Fri., 11:30～3:00Sat., Sun. & National Holiday, irregular

FILE 019-020 SHOYU RAMEN

Matador
→ P.82-83

Making ramen with beef bones is tough, just ask any of the many failed shops that tried. Beef soup tends to be too sweet, and slurping noodles only intensifies that sweetness. A nice French beef consommé with vegetables and grains makes for good eating. Beef ramen, not so much.
Iwadate-san fixed this, somehow, and became one of the most talked about shops in Tokyo. Not only is this a beautiful-looking bowl, it surpasses all expectation of taste.

Everything on the menu is great, but most people stick with the tried and true, *zeitaku chagyu ramen*, a luxurious bowl topped with two slabs of roast beef. An intense soy flavor is rounded out with three different kinds of green onions. Of course, the expected highlight is the juicy roast beef topping. No other shop is as generous with such a great cut of meat.

Almost every customer leaves a bone-dry bowl; this is soup you will want to drink to the last drop.
Nakamura Bldg. 1F, 2-4-17 Senjuhigashi, Adachi-ku, Tokyo, 03-3888-3443,
11:30〜14:30 / 18:00〜21:00Tue.-Sat., 11:30〜16:00Sun. & National Holiday

----

Mugi to oribu
→ P.84-85

Double soups were all the rage a few years back. Cook two broths, one chicken-and-pork-based and one fish, then combine them at the last minute. This technique gives a ramen master more control over the final product, and many bowls that come across as simple and refined use two soups.

Mugi to oribu (literally wheat and olive) takes things another step with a triple soup. The third soup here is made with fresh Japanese fresh-water clams, and adds a whole other layer of *umami* flavors. Paired with specialty noodles from Kyoto, craft soy sauce, and sourced eggs that are considered the best in Japan, Mugi to oribu sets the bar high.

Hints of olive oil and a nice piece of knotted fish cake are nice touches. Noodle fans have ranked their soupless *mazesoba* as one of the best in Tokyo. It is obvious that a lot of thought went into this bowl.
Ginza Stella Bldg. 1F, 6-12-12 Ginza, Chuo-ku, Tokyo, 03-3571-2123,
11:30〜22:00Mon.-Fri., 11:30〜21:00Sat. & National Holiday

SHOYU RAMEN — FILE 021-022

Mutahiro
→ P. 86-87

Since leaving mega-famous ramen shop Nagi, ramen master Arai-san has gone on to open a whole group of shops, all within walking distance of Kokubunji station. This is an oft overlooked part of Tokyo's west side and was ripe for a ramen empire. Each shop has its own unique concept, but the fun, goofy vibe is a constant. Case in point, the staff all wear overalls and straw hats like a bunch of country yokels.

The original shop, known as Chukasoba Mutahiro, features three kinds of noodle dishes: Wahaha, Nahaha, and Ahaha.
The first, the *wahaha niboshi soba*, is a light soup with a deep soy sauce taste and an overload of *niboshi* dried sardines from Ishikawa Prefecture. The addition of *se-abura* back fat gives-it a bit of a kick.
The other two bowls are the *nahaha shio soba* and the *ahaha niboshi tsukemen*, a shio ramen and a tsukemen, respectively.

Those who clean the soup out of the bowl might get a surprise. One of the shop's bowls is labeled as a winner, good for a VIP sticker that will get you free toppings at any Mutahiro for life.
Kotobuki Corp. B-1F, 3-15-9 Minamicho, Kokubunji City, Tokyo, 042-315-2728, 11:30~15:00/18:00~23:00Tue.-Sat., 11:30~15:00/18:00~21:00Sun. & National Holiday

---

Nagi Golden Gai
→ P. 88-89

Nagi has grown from the status of local favorite to an Asia-wide superstar. With successful shops in Hong Kong, Indonesia, Taiwan and Philippines, you might imagine the quality to drop. You'd be wrong. Nagi, especially the branch in Shinjuku's Golden Gai district, is a must-hit.

Golden Gai is a surreal, only-in-Japan bar area in the Blade Runner-esque Kabukicho entertainment district. The intense and eclectic bar scene here deserves an equally intense and eclectic ramen.

You must, simply put, be in love with niboshi to eat here. Four or five different kinds of dried sardines, about 60kg of the stuff, go into each pot of soup.
The taste hits you like a train, temporarily neutralizing any effect of the alcohol you were probably consuming before coming. Yes, this ramen is the ultimate hangover medicine.

Homemade noodles, rough cut in two different sizes, grab the soup with ease. Every bite is as good as the first, with robust soy and fish flavors making you forget that you are crammed into a tiny bar-like ramen shop in the middle of this crazy town.
Shinjuku-Goldengai 2F, 1-1-10 Kabukicho, Shinjuku-ku, Tokyo, 03-3205-1925, 24 hours a day

FILE 023-024 SHOYU RAMEN

Sabuchan
→ P.90-91

While most shops in this book are relatively new, sometimes it is nice to have a truly old-school bowl. The history of ramen is deep, but generally the older bowls are all along the lines of a clear soy sauce soup, springy noodles, and the usual toppings.
This is not a bad thing at all, but it can be hard, unless you really love hunting ramen, to eat similar bowls on a regular basis. Some of these old shops, though, stand out among the others as being truly special.

Opened in 1967, this shop looks like it hasn't changed one iota. The master diligently serves up the same thing, over and over, taking short breaks to smoke a cigarette out near the back window. Salarymen diligently line up for their lunchtime bowl, served with a side of fried rice. That idea, ramen served with fried rice, was invented here at Sabuchan.

Delightfully simple, this is one of the bowls celebrating Tokyo's rich history with ramen. Going to Sabuchan is almost a pilgrimage.
Kinoshita Bldg. 1F, 2-24 Kandajimbocho, Chiyoda-ku, Tokyo, 03-3230-1252,
11:30〜15:00 / 16:30〜19:30 Mon.-Sat.

Saikoro
→ P.92-93

When "ramen soul food" shop Jiraigen closed down a few years back, local ramen fans felt it. We had lost one of the most comforting bowls in town.
Luckily, they reopened as Saikoro, under the newly minted Jiraigen Syndicate family. Though the recipe was different, the same vibe was there. The future of ramen is bright.

It is hard to pinpoint the best feature of this bowl. The noodles are made upstairs using hearty wheat from Hokkaido, with just the right balance of water and alkalinity. The soup is heavy on dried fish, using different varieties of sardines, mackerel, and skipjack tuna.
For many, though, the highlight is the tender cuts of meat. Get any bowl with *niku* in the name, and you will be treated to eight to ten slices. And come on the 29th of the month, as 29 is pronounce ni-ku in Japanese, and slurp a bowl for the low, low price of only 500 yen.
1-2F, 2-28-8 Nakano, Nakano-ku, Tokyo, 03-6304-8902,
11:00〜1:30 Mon.-Sat., 11:00〜23:00 Sun. & National Holiday

SHOYU RAMEN FILE 025-026

Shichisai
→ P.94-95

Kitakata, a small city in the west of Fukushima Prefecture, is known for clean water, great sake, and more ramen shops per person than any other city in Japan.
The ramen is simple, usually a light *shoyu* with thin, flat noodles. This is an easy-to-eat style, and Kitakata natives are known to eat an early bowl for breakfast. Lines in town at 7 A.M. are a common sight.

Shichisai's clean, fresh taste is inspired by Kitakata. Taking things one step further, they were one of the first shops to popularize *mukacho*, chemical-preservative-free ramen. No MSG, freshly made noodles, and as much organic ingredients as possible.

Many shops in Tokyo followed suit, realizing that high-quality, natural flavors, though more expensive and time-consuming to create, beat out the laboratory-made stuff anytime.

Shichisai offers a handful of menu items, including a constantly changing limited bowl, but most fans stick with the shop's original Kitakata ramen.

3-1-12 Saginomiya, Nakano-ku, Tokyo, 03-3330-9266, 11:30～15:00/19:00～0:00 Mon.-Fri. except 3rd Tue., 11:30～22:00 Sat., Sun. & National Holiday

---

Soranoiro
→ P.96-97

Many food trends follow slightly crazy and unique ideas. Odd ingredients, strange cooking techniques, questionable flavors. Young chefs love breaking from tradition in an attempt to create their own signature dish. This is a problem when it comes to ramen, especially in a budding overseas market, as substituting, replacing, and tinkering with such a simple dish often results in a loss. Fortunately, for us, there are chefs like Miyazaki-san, who first perfected a traditional style *chukasoba*, and then used their success to make something new.
The chukasoba at Soranoiro is a sure thing. It is almost a lesson in what a good bowl is. Soy sauce from Nagano Prefecture joins a clear chicken and pork soup for one of the most traditional "new" ramen bowls in Tokyo.
The crazier menu item is a colorful veggie soba; almost a potage of fresh vegetables blended with a meat-based soup, matched with orange noodles (the noodles are made with paprika powder), and topped with even more vegetable toppings. With these two regular menu items bringing back customers on a weekly basis, Miyazaki-san goes even one step further with a constantly evolving *gentei* menu of monthly limited bowls.
Past winners include a red bean ramen to commemorate the New Year, a creamy soy milk ramen topped with fried cheese, and an all-green ramen with green soup, green noodles, and green toppings. You can even buy a book cataloging these past creations to see what you missed.
Blue Main Bldg. 1B, 1-3-10 Hirakawacho, Chiyoda-ku, Tokyo, 03-3263-5460, 11:30～15:30/18:00～22:00 Mon.-Fri., 11:00～15:30 Sat. & Sun., 11:00～21:00 National Holiday

FILE 027-028   SHOYU RAMEN

Toy Box
→ P.98-99

There was a legendary shop, about an hour west of Tokyo, where customers sat in silence as a punch-permed master carefully combined perfectly cooked noodles with the highest quality soup in town. 69 N' Roll One (pronounced Rock and Roll One) is now closed, but luckily some of his disciples have carried the torch and opened their own shops.

While everything is near perfect in this bowl, it is the use of aromatic speciality soy sauce from Chiba and high-quality *chiyu* chicken oil that are often cited. Poor-quality *chiyu* can overwhelm everything and leave a very bad aftertaste. Rendered from free-range chickens, Toy Box's *chiyu* lightly coats your palate.
It is so good, in fact, that Toy Box is one of the few places that can get away with a soupless *chiyu mazesoba*; an oily mix of noodles and fat. Go with the regular *shoyu* ramen for a sure win.

1-1-3 Higashinippori, Arakawa-ku, Tokyo, 03-6458-3664, 11:00〜15:00 / 18:00〜21:00Tue.-Sat., 11:00〜15:00Sun. & National Holiday

---

Gamushara
→ P.100-101

Very few ramen shops claim health benefits as a part of their allure. Most masters throw in a few vegetables and spices for their aromatic qualities, not necessarily to help their customers live longer or feel healthier.
Hasunuma-san, though, provides plenty of reasons why he powers up his *shoyu* ramen with a massive dose of ginger. Ginger warms your blood and increases circulation. Ginger is a known remedy for the common cold. Ginger helps with many aspects of digestion.

He's right. Slurping at Gamushara is invigorating. You can feel the heat from the first sip. It doesn't hurt that the Niigata native uses as many choice ingredients from his home prefecture as he can. The rich soy sauce, a pitch black brew, is particularly good. Plenty of vitamin-rich spinach on top gives this one even more push as a healthy choice.

This style of ramen is inspired by Hasunuma-san's home. Ginger *shoyu* ramen is a big thing in Hasunuma-san's home prefecture, a few hundred kilometers away, particularly around the Nagaoka area. I actually think the version here is better than any I've had outside of Tokyo, even when I spent a week eating the stuff in Niigata proper. Go figure.

Yumi Bldg. 1F, 2-1-5 Hatagaya, Shibuya-ku, Tokyo, 03-6772-7200, 11:30〜15:00 / 18:00〜0:00 irregular

SHOYU RAMEN   FILE 029-030

Tsuta
→ P. 102-103

Sugamo is an interesting station. To the north is Jizo Dori, a small shopping street that caters to an older crowd. The silver-haired, 65-plusers have dubbed Sugamo as Grandma's Harajuku, where fashionable old ladies with purple hair outnumber everyone else three to one. Apparently red undergarments are a thing for Asia's pensioners, and you will find more red undie shops than restaurants.

The south side is much less appealing. There are some elite high schools (one of which I worked at for about five years), a shady "adult" street, a park, and not much else. That was until Tsuta moved in.

Onishi-san trained at the famous always-a-line across town shop. Expectations were high, and Tsuta delivered. The simple *shoyu* soba is an easy choice. It uses a blend of three *nama shoyu*, raw, unpasteurized soy sauce from smaller craft *shoyu* makers. The scent of the *shoyu* is accented by a tiny bit of truffle oil, a very unique addition to Japanese ramen.

Tsuta is a contender for the most "refined" bowl of ramen in Tokyo. Customers can instantly taste how a simple bowl made with high-quality ingredients (the ramen here is completely preservative-free) can be elevated to a gourmet level.

Plateau-Saka1F, 1-14-1 Sugamo, Toshima-ku, Tokyo, 03-3943-1007, 11:00～16:00 everyday except on Tue. & Wed.

Yamaguchi
→ P. 104-105

Recent ramen trends have leaned more toward simplicity and quality ingredients. While modern advances in fusion cuisine have led to some tasty creations, most die-hard ramen fans yearn for something a bit less ... experimental. Yamaguchi fits the bill nicely, and the relatively new shop has gained a loyal following since opening in early 2013.

Almost no pork goes into the bowl at Yamaguchi. The soup, *tare*, and oils are all chicken-based, making this a suitable bowl for those with a pork restriction (ask them to leave off the single piece of pork *chashu*). Repeat customers tend to make it a point to order an extra serving of the shop's slow-cooked chicken *chashu*, made from only tender, free-range chicken. Unfiltered soy sauce is deep, and the noodles from a reputable factory in Kyoto are a nice touch.

2-11-13 Nishiwaseda, Shinjuku-ku, Tokyo, 03-3204-5120,
11:30～15:00/17:30～21:00Tue.-Fri., 11:30～21:00Sat., Sun. & National Holiday

ブライアンのラーメン・アドベンチャー 尾道編

尾道ラーメンの二大名物店を食す

　尾道ラーメンを知ったのは、Mr.Tとの出会いがきっかけだ。ぼくたちが知り合ったのは2010年。本名はテツヤだが、メキシコなまりのブロークンな英語を話すこともあって、ニックネームのMr.Tがぴったりくる。彼の英語は強烈だが、日本語はもっとすごい。広島弁と大阪弁が混ざったような、コテコテの今治弁を話すのだ。

　Mr.Tは昔、瀬戸内海で活躍した村上水軍の子孫ということだった。実家はかまぼこや竹輪などの練り物工場を営んでいて、グルメたちが好む極上品を作っている。日本各地のデパートで高級品として販売されているものばかりだ。その工場は愛媛県の海に浮かぶ、大島という島にある。Mr.Tが、そこで働かないかと誘ってくれたとき、ぼくは好奇心からすぐにとびついた。

　瀬戸内に着いたとき、なにか新しいことに出会える予感がしていた。ところが工場の仕事はきつく、朝の冷え込みのなかで5時に就業開始。作業台は身長192cmのぼくには低過ぎるし、生まれつきブキッチョ。ぼくが作った練り物は売り物にはならないと、親友のMr.Tに叱られ続けた。

　3日後、ぼくは疲れ果てて、罪のないウソをついた。知り合いの雑誌編集者から急な仕事が来て、尾道ラーメンを取材することになった、と。それで、1日の休暇を申し出た。

　その日は素晴らしい一日になった。ぼくがいた愛媛と尾道がある広島は、しまなみ海道という連絡橋でつながっている。瀬戸内に点在する島々を7つの橋で結ぶ、美しいアーチ橋だ。しかもスクーター用レーンがある。ぼくは大島で50ccのスクーターをレンタルして、尾道へと駆け抜けた。

　尾道はこぢんまりとした静かな街。丘の中腹にある千光寺がいちばんの見どころで、ラーメンはというと、僅差で2番手というところか。尾道ラーメンの特徴は、芳醇な醤油味、コシのある麺、背脂のかたまり。仕上げに昔ながらのチャーシューをのせて完成する。

Ramen Adventures

　尾道にはラーメン店が多いが、おいしい店といえば、[朱華園]と[つたふじ]の2軒だ。朱華園は大人気の店で、一杯のラーメンを食べるための長々とした行列が続く。長い待ち時間が苦にならない人にとって、ここは本当にいい店だ。ちょっと大きめの背脂のかたまりは、シルクのようになめらか。普段の食生活では、背脂をじかに見ることはあまりないけれど、ここのラーメンを食べると、背脂を味わっていることを実感する。このとてつもなくうまい一杯が、たった5ドルだなんて、すごい。

　そのあと、丘の中腹の寺院群を2、3時間ほどぶらぶらして、[つたふじ]の行列に並んだ。[つたふじ]と[朱華園]のラーメンはスタイルは似ているけれど、店が醸し出す雰囲気はまったく違う。[朱華園]は効率よく動く機械のようで、ベテランのおばちゃんたちがキビキビと客をさばく。一方、[つたふじ]は2人でゆったりやっている。店の雰囲気のせいか、ここでは待つのもゆったり気分だ。

　そんなことも含めて、ぼくは、[つたふじ]が好きだ。昔ながらの店構えと雰囲気で、こんなラーメン店に出会いたいと思っていたイメージとぴったり。瀬戸内に来たときに感じたなにかに会える予感は、これだったのかもしれない。メニューは一品だけ。おやじさんがたばこを吸うときは、待つしかない。スープはやや濃く、ちょっとしたクセがある味わいだ。

　ただし、[朱華園]と[つたふじ]のうち、どちらかを選ぶのは難しい。尾道を訪れるなら、両方を味わうことをすすめる。ラーメン食いなら、そうするでしょ！

　再び、スクーターに乗って、ぼくは大島に戻った。そして、工場の仕事にも。そのあとの3日間は、魚のすり身を小さなボール状に丸める作業を楽しんだ。腕をあげたな、とわれながらうれしかった。そして、ぼくの体を流れる血のなかには、あのこってりの背脂もあるんだろうなと、ふと思った。

Hanamichi
Kakuei
Kikanbo
Kururi
Matador Miso
Oyaji
Tsunagi

MISO RAMEN

味噌ラーメン

味噌麺処 花道
Miso Noodle Spot 角栄
カラシビ味噌らー麺 鬼金棒
麺処くるり 市ヶ谷本店
みそ味専門 マタドール
北海道ラーメン おやじ 町田店
つなぎ

味噌麺処 花道
みそめんどころ はなみち

Hanamichi   EN → P.134

インパクトのある濃厚味噌スープは、大盛りの野菜とともに

　東京の西部郊外には、観光スポットはあまりない。落ち着いた雰囲気の公園が点在していて、その間にこぢんまりした家々が並ぶ。東京の中心部にもアクセスしやすい場所だ。

　私鉄の駅を降りて、商店街を歩いていくと、おいしい一杯がきっと見つかる。［花道］はそんな店だ。西武新宿線の野方駅を出たら右に曲がり、3分ほどぶらぶらと歩くと店に着く。そこで行列に並ぶ。

　［花道］はとりわけ濃い味噌ラーメンを出す。ラーメンは味噌か辛味噌だけ。ほかにはない。分厚いメンマとチャーシューがトッピングとしてよく合っている。

　味の秘訣はにんにくで、ラーメンにインパクトを与えている。刻みにんにくは入れ放題だ。そのほか無料のトッピングは追加の野菜で、山盛りのもやしが出てくる。

　ラーメンの量は多いので、大食漢でなければ、小丼（といっても大きいが）を注文したほうが無難。もっとも、たとえほかの客が完食していたとしても、食べきれないのなら悪いと思う必要はない。

MISO RAMEN

> インパクトがある味の秘訣はにんにく。
> 無料トッピングのもやしは山盛りだよ。
>
> Hints of garlic can be made more intense.
> The freebie on offer, extra vegetables, comes in
> the form of a mountain of moyashi bean sprouts.

豚骨、鶏ガラ、野菜などを煮込んだとろみのあるスープに、極太麺がからむ

味噌ラーメン 800円+味玉 100円
Miso Ramen + Ajitama

東京都中野区野方6-23-12
03-6902-2619
10:30〜23:00
無休
西武新宿線・野方駅から徒歩3分

Miso Noodle Spot 角栄
ミソ ヌードル スポット かくえい

Kakuei　　　　　　　　　　　　　　　　　　EN → P.134

オリジナリティと懐かしさが調和する、新しい味噌ラーメン

　[角栄]の店主蓮沼さんの出身地は新潟県。県の広さは日本で5番目にあたる。もしそんなに広くなければ、ラーメンハンターにとって、新潟は夢のような場所なのだが。

　でも、今のところ移動には車が必要だし、行ってみたい場所を巡るには時間がかかるだろう。まあ、行きたい店のリストの上位にくるのはラーメン店で、濃厚な味噌ラーメンにきまっているけれど。

　越後味噌と呼ばれる新潟の味噌は、とっても芳醇だ。今や全国に広まり、いろいろな料理に使われている。新潟・巻町の代表的なラーメンは越後味噌が巧みに使われているのが特徴。これにフレンチシェフだった蓮沼さんが、いろいろな素材をトッピングしてアレンジした。

　東京の人にとっては幸運なことに、[角栄]は新宿のデパートや駅の喧騒を抜けてすぐのところにある。気軽にコクのある素晴らしいラーメンが食べられる。

　店では、伝統と調和しながら、越後味噌をベースに5種の味噌を合わせている。割合は秘伝だ。味噌は濃厚な豚のスープに混ざり、フレンチのソース以上の味になる。スープの濃さやとろみを調節するために、ラーメンにはスープ割りが付いてくる。薄めのだし汁だ。

　チャーシューの代わりに、豚の角煮がのってくる。角切りの豚肉をじっくり煮込んだもので、口の中でとろけるようにやわらかい。角煮だけを追加注文してもよさそうだ。それにチーズのトッピングもおすすめ。この街で最高に濃厚でコッテリなラーメンを、チーズがこれでもかとさらに濃くすること必至だ。

MISO RAMEN

> 5種の味噌が濃厚な豚のスープに混ざり、フレンチソース以上の味を生み出すんだ。
>
> The shop uses a secret blend of five different Echigo miso pastes. Blended with a thick pork soup, this soup is more of a sauce.

かんずりを効かせた濃厚スープ。チーズやコーン、納豆などトッピングも充実

濃厚味噌 800円+チーズ 100円

Noko Miso + Cheese

東京都渋谷区千駄ヶ谷5-29-7
ドルミ御苑1F
03-3341-4100
11:00〜23:00
無休
各線・代々木駅／地下鉄・新宿三丁目駅から徒歩3分

カラシビ味噌らー麺 鬼金棒

カラシビみそらーめん きかんぼう

Kikanbo　　　　　　　　　　　　　　　　EN → P.135

スパイスが生む辛さ(カラ)と痺れ(シビ)の、鬼の店

　東京には激辛ラーメンの店はたくさんあるが、たいがいの店は辛いばっかりで旨みに欠ける。ほとんどが、どこでも手に入る唐辛子をたくさん入れて、客に出している。

　ところが店主の三浦さんは、この型どおりのやり方を打ち破り、ほかにはない独特なラーメンを作ろうと立ち上がった。

　三浦さんは、店の造りからスパイスのブレンド、器にまでこだわり、驚くべき店を作り上げたのだ。[鬼金棒]に入るとまず独特の雰囲気を感じる。鬼に金棒っていうのは、日本ではとてもパワフルなものの象徴みたいな意味で使われているんだ。店内は太鼓の音をBGMに鬼の面や置物で埋め尽くされている。

　この店の成功の秘訣は2つのスパイスのブレンドとまろやかな味噌スープ。2つのスパイスとは、世界のスパイスを巧みに調合した唐辛子と、痺れるほど辛い中国山椒。

　さて、ラーメンの味といえば、まず、辛さがガツンときてから、ちょっぴり苦みもある山椒が徐々に広がる。最後に味噌スープが味を調える。さらに、角煮のように煮込んだチャーシューが素晴らしい。

　注文の際にスパイスの辛さが選べる。唐辛子の辛さ(カラ)と山椒の痺れ(シビ)を、抜き、少なめ、普通、増しなどと表現して調節する。初めての人にはカラ普通／シビ普通がおすすめ。カラ増し／シビ増しは辛さが倍になり強烈。超激辛好きには鬼増しを。ただし、あくまでも自己責任で挑戦してください。

MISO RAMEN

> この店の成功の秘訣は、2つのスパイスのブレンドとまろやかな味噌スープだ。
>
> Their secret to success is their two-spice blends and their creamy miso broth.

スパイスの香りが食欲をそそる。女性にはパクチーのトッピングが人気

カラシビ味噌らー麺 800円
(カラ普通／シビ普通)

Kara Shibi Miso Ramen
(Kara-Futsu, Shibi-Futsu)

東京都千代田区鍛冶町2-10-10
03-3256-2960
11:00～21:30(日曜は～16:00)
無休
各線・神田駅から徒歩3分

FILE 034

麺処くるり 市ヶ谷本店
めんどころくるり いちがやほんてん

Kururi   EN → P.135

濃厚ながら飽きのこないスープを求め、連日行列が絶えない

　味噌ラーメンといえば北海道。味噌ラーメン誕生の地、札幌ではあちこちのおいしい店で、香り立つ味噌が濃厚なスープとブレンドされ、味の調和をみせている。

　寒い北海道から来た人々は誇らしげに味噌ラーメンこそ北海道を代表する料理だと断言し、ときとしてほかの地方の出身者が味噌ラーメンを作ろうとすると、お手並み拝見とばかりに、冷やかす。

　でも東京は違う。北海道と互角の競争をしている。数は少ないが優れた味噌ラーメンを出す店がある。
　その驚くべき店のひとつが[くるり]だ。

　店の外装は真っ黒だし、看板はないし、そんなところに店があるなんて、行列がなければわからないに違いない。[くるり]がオープンして10年かそこら経つが、ラーメンも行列も当時のまま、印象的な昔の記憶が残っている。
　中華鍋で沸騰するスープの中に味噌が放り込まれる。麺が加わり、お客に出す直前に野菜が入り、味が丸くなる。最後に熱い油がひと振りかかるとできあがりだ。

　味噌ラーメンとして、[くるり]はつねに上位にランクされるに違いないと誰もが保証する。たとえ明日、北海道へ帰る人でもだ。

MISO RAMEN

> 味噌ラーメンとして、[くるり]はつねに上位にランクされるに違いない。
>
> Kururi is almost guaranteed to make anyone's best-of list.

サイコロ型のチャーシュー、厚切りのメンマ、極太の麺がスープとマッチ！

みそらぁめん 750円
Miso Ramen

東京都新宿区市谷田町3-2
トゥービル1F
03-3269-0801
11:00〜21:00
無休
各線・市ヶ谷駅から徒歩5分

みそ味専門マタドール

みそあじせんもんマタドール

Matador Miso   EN →P.136

牛骨ラーメンの名店が生み出す、新しい発想の味噌ラーメン

　牛骨ラーメンの［マタドール］で成功を収めた岩立さんは、2店目の出店を考えた。1店目より便利な場所で牛骨ラーメン店をやるのだろうと思われていたが、［マタドール］のすぐ先に型破りな味噌ラーメン専門店をオープンした。

　味噌ラーメンといっても、ぼくらが思い浮かべる普通の味噌ラーメンではない。トッピングにはビーフリブの大きなチャーシュー、トマト、それに牛脂がのっている。［みそ味専門マタドール］の味噌ラーメンは驚くべき味を創造した。
　一見変わった組み合わせのトッピングだが、すべてがうまく融合し調和した。ビーフは豪華だし、トマトは新鮮なアクセントになる。牛脂は驚くほどクリーミーだ。

　もちろん、トッピングの下もおいしい。
　3種類の日本の味噌は秘密のブレンドだ。事実このラーメンは、信頼できるたくさんのラーメン本で、新人賞を受賞している。本店の［マタドール］とは徒歩圏内という近さ。マタドールの牛骨味と味噌味のラーメン2杯をはしごして味わうことだってできるのだ。

MISO RAMEN

> ビーフは豪華だし、トマトは新鮮なアクセントになる。牛脂は驚くほどクリーミーだ。
>
> It all works. The beef is luxurious, the tomato has a fresh kick, and the fat is surprisingly creamy.

牛肉の旨みを感じるスープと多彩なトッピングとのコンビネーションが絶妙

贅沢濃厚味噌らぁ麺 1100円

Zeitaku Noko Miso Ramen

東京都足立区千住旭町43-13
03-3881-3122
11:30〜22:30
日曜、祝日11:30〜16:00
無休
各線・北千住駅からすぐ

/ FILE 036

北海道ラーメン おやじ 町田店
ほっかいどうラーメン おやじ まちだてん

Oyaji   EN → P.136

正統派の北海道ラーメンは、忘れられない濃厚な甘さ

　おいしい味噌ラーメンの店を探すことは宝くじに当たるくらい難しいと、ほとんどのラーメンハンターたちは言う。当たり券はまれで、味噌ラーメンはどこにもあるが、東京でさえ、おいしさが際立つラーメンを見つけるのは難しい。［おやじ］はそんな数少ない当たり券のひとつだ。

　［おやじ］のスープの味はじつに忘れ難い。味噌、豚骨スープ、それにラードの絶妙な配合が、素晴らしくなめらかでクリーミーなラーメンを生み出しているんだ。

　あまり辛くないが風味を豊かにする大量のスパイスと北海道産の麺とがよく合う。この［おやじ］のラーメンには、はるばる町田まで出かけるファンがいるほどだ。

　餃子とビールをおともに、［おやじ］は仕事のあとに憩える素晴らしい店を作り出している。

MISO RAMEN

> 味噌、豚骨スープ、ラードの絶妙な配合が、素晴らしくなめらかでクリーミーなラーメンを生み出しているんだ。
>
> A perfect mix of miso, tonkotsu soup, and Dutch lard mean a wonderfully smooth and creamy product.

スープは甘めの白味噌ベース。もやしやキャベツなど野菜もたっぷり

おやじ麺 800円
Oyajimen

東京都町田市中町1-19-1
042-723-2951
11：00〜翌0：30
無休
各線・町田駅から徒歩8分

つなぎ

Tsunagi　　　　　　　　　　　　　　　　　　EN → P.137

産地にこだわった食材が生きる、香り高い一杯

　一見すると、［つなぎ］は典型的な味噌ラーメンの店のように見える。恵比寿にあり、こぎれいな店構えで、ほぼ確実に成功が保証されているようなタイプの店だ。少なくともランチタイムの食欲旺盛な人々にはぴったりだ。

　しかし、［つなぎ］を別格にしているのは、とびきり上等な国産の食材を厳選していること。たとえば、味噌についていえば、熟成黒味噌、仙台味噌など6種をブレンドしていて、その配合は秘密。この味噌が濃厚で、魚介と豚骨のWスープと絶妙のコントラストをみせている。

　たっぷりの背脂は、スープにじつに後味のいい風味を出している。多彩な国産の食材、たとえば北海道の羅臼産の昆布や、千葉や九州の煮干、ニラでさえ青森産のものを使っている。麺はもちろん自家製だ。

　［つなぎ］の味噌ラーメンは"つなスペ"というが、ほかの店と一線を画しているのは、そのパンチだろう。スープは脂のコクがあり濃厚で、味噌を加えなくても十分にうまい。そこに仙台味噌をベースにした甘みのある味噌ダレを加えると、別次元のおいしさに進化する。芳醇でまったりとしたおいしさのあとに甘みとしょっぱさが続く。

　スペがつくメニューに挑戦しよう。スペとはスペシャルのこと。スペだと、チャーシュー、のり、半熟味付玉子が付く。

MISO RAMEN

[つなぎ]を別格にしているのは、とびきり上等な国産の食材を厳選していること。

What sets Tsunagi aside is their quest for the best-of-the-best Japanese-sourced ingredients.

熟成黒味噌、仙台味噌など6種類をブレンドした味噌に、厳選したスパイスを調合

つなスペ味噌ラーメン 950円
Tsunasupe Miso Ramen

東京都渋谷区恵比寿1-4-1
アーバンハウス1F
03-6450-2776
11:30〜23:00
（土・日曜、祝日は〜22:00）
無休
各線・恵比寿駅から徒歩2分

FILE 031-032   MISO RAMEN

Hanamichi
→ P.120-121

The rural reaches of west Tokyo have little in the way of tourism. Apart from a few decent parks here and there, this is often viewed as an expanse of (relatively) affordable housing within striking distance of the metropolitan city.
But walk down any of the shotengai (shopping streets) jutting out from the local stations, and you are bound to find some decent eats. Hanamichi is just such a place. Just turn right out of the station, wander down the road for about three minutes, and get in line.

Hanamichi serves up a notably thick miso ramen, spicy or not, and nothing much else. Thick-cut menma and chashu stewed pork make fitting toppings.
Hints of garlic can be made more intense, and usually are, with as much free minced garlic as you want. The other freebie on offer, extra vegetables, comes in the form of a mountain of *moyashi* bean sprouts.

The serving size is massive, so if gluttony isn't your thing, a mini bowl (still large) is on offer. Don't feel bad if you can't finish every drop, even if everyone else in the store does.
6-23-12 Nokata, Nakano-ku, Tokyo, 03-6902-2619, 10:30～23:00 everyday

---

Kakuei
→ P.122-123

Kakuei hails from Niigata, the native homeland of chef Hasunuma-san. If Niigata weren't such a vast land, it would be a ramen hunter's dream location.
But, as it stands, you would need a car and plenty of time to hit up any sort of checklist. One such ramen style that would be high on that checklist is thick

Niigata miso ramen. Niigata's miso, often called Echigo miso, is wonderfully rich, and the stuff makes its way all over the country and into all kinds of cuisine. You can be certain that a lot of pride went into crafting a local style meant to show off a local ingredient.

Luckily for Tokyoites, Kakuei brought a wonderfully rich bowl to the Shinjuku neighborhood, just past all the department stores and madness of the station.
Keeping with tradition, the shop uses a secret blend of five different Echigo miso pastes. Blended with a thick pork soup, this soup is more of a sauce. So much so that they include a side of soup wari, a light broth that you can mix in to reduce the viscosity.

The *chashu* comes in the form of *buta kakuni*, heavily flavored cubes of stewed pork that melt in your mouth. Go ahead and order extra, you'll be thankful you did. And while you're at it, the cheese topping is also recommended, though that adds even more thickness to one of the city's heaviest bowls.
Dormi Gyoen 1F, 5-29-7 Sendagaya, Shibuya-ku, Tokyo, 03-3341-4100,
11:00～23:00 everyday

MISO RAMEN — FILE 033-034

Kikanbo
→ P.124-125

Tokyo is home to many shops with "spicy" ramen. Most, though, are heavy on the heat and low on the flavor. Take a mediocre bowl of noodles, add heaps of off-the-shelf chili peppers, and serve.

Chef Miura-san set out to crush this stereotype and make a truly unique ramen experience. From the shop itself to the homemade spice blends to the bowls, this is an amazing shop.

Step into Kikanbo (literally a Japanese demon's metal bat, but used colloquially to mean something very powerful) and the first thing you'll notice is the atmosphere. Traditional Japanese taiko drum music plays on the speakers, and every inch of free space is covered with demons. Giant, scary demon masks. Small, cute demon statues. Demons, demons, demons.

Their secret to success is their two-spice blends and their creamy miso broth. The spices (one is a spicy hot blend with spices from around the world, the other is made with *sansho*, numbing Chinese pepper) result in a hit of heat, followed by a slightly bitter *sansho* aftertaste, and smoothed out with the soup. The pork, a stewed piece of *kakuni*, is amazing. Know in advance that you can choose your level of each spice blend. We recommend *futsu-futsu*, regular levels of both, for first-timers. *Mashi-mashi*, a double dose of heat, can be intense. For the truly adventurous spice lovers, *oni mashi*, *oni mashi* is an attempt-at-your-own-risk affair. *Oni* means demon, by the way.

2-10-10 Kajicho, Chiyoda-ku, Tokyo, 03-3256-2960,
11:00~21:30 Mon.-Sat., 11:00~16:00 Sun.

Kururi
→ P.126-127

Miso ramen is synonymous with Hokkaido, Japan's northernmost island. Pungent spoonsful of miso fermented soy bean paste are blended with heavy soups in many excellent shops in Sapporo, the birthplace of this dish.

Natives from the colder north swear by their most famous dish, and often scoff when other parts of Japan attempt to make miso ramen.

But Tokyo gives them a run for their money, with a few amazing shops serving truly excellent bowls of miso ramen. One of those shops is Kururi.

You wouldn't think anything was there, at the all-black, sign-less storefront, if it weren't for the line. In the ten or so years that they have been open, both the ramen and the line have remained consistently impressive.

The soup is a miso blend that is thrown in a hot wok with the soup, then reduced with aromatic vegetables before serving. Thick noodles are added, and the whole thing is topped with a drizzle of hot oil.

Kururi is almost guaranteed to make anyone's best-of list, even those flying home to Hokkaido the next day.

TOU Bldg. 1F, 3-2 Ichigayatamachi, Shinjuku-ku, Tokyo,
03-3269-0801, 11:00~21:00 everyday

FILE 035-036   MISO RAMEN

Matador Miso
→ P.128-129

With the success of Matador's beef ramen shop, it would make sense for Iwadate-san to open a second shop. But instead of another beef ramen shop in, say, a more convenient location, he opened an unconventional miso specialty ramen shop just down the road.

This is no ordinary miso ramen. Topped with a massive piece of beef rib chashu, tomato, and a dollop of tasty fried beef fat, Matador's miso shop brought some big flavors to the table.
But it all works. The beef is luxurious, the tomato has a fresh kick, and the fat is surprisingly creamy.

Of course, everything under the toppings is stellar as well. A secret blend of three Japanese miso is on point. So much so, in fact, that this bowl was given rookie-of-the-year status by many reputable ramen publications. This shop is within walking distance of their flagship store, making a double dose of Matador slurping an easy endeavor.
43-13 Senjuasahicho, Adachi-ku, Tokyo, 03-3881-3122, 11:30〜22:30 Mon.-Sat., 11:30〜16:00 Sun. & National Holiday

---

Oyaji
→ P.130-131

Most ramen hunters will tell you that finding a good miso ramen is like buying a winning lottery ticket. It is a rare win. Miso is everywhere, but truly stand-out miso is very rare, even in Tokyo. Oyaji is just such a place.

At Oyaji, the soup is unforgettable. A perfect mix of miso, *tonkotsu* soup, and Dutch lard means a wonderfully smooth and creamy product.
Matched with noodles shipped in from Hokkaido and a massive dollop of spice that adds massive amounts of flavor, but little heat, Oyaji's bowl has fans making the trek all the way out to Machida.

With a side of gyoza dumplings and a beer, Oyaji makes for a great after-work shop to wind down at.
1-19-1 Nakamachi, Machida City, Tokyo, 042-723-2951, 11:00〜0:30 everyday

MISO RAMEN FILE 037

Tsunagi
→ P.132-133

On the surface, Tsunagi is a fairly typical-looking miso ramen joint. Located in Ebisu, a decent ramen shop is almost certainly assured success, at least with the area's voracious lunchtime crowds.

But what sets Tsunagi aside is their quest for the best-of-the-best Japanese-sourced ingredients. The shop's miso, a secret blend of six different miso from Sendai, is on the sweet side, and gives a great-contrast with the thick and fatty pork soup.
Plenty of *se-abura* pork back fat gives this one a real lasting flavor. More regional Japanese ingredients include *konbu* seaweed from Rausu in Hokkaido and dried sardines from Chiba and Kyushu. Even the *nira* (Chinese chives) are sourced from Aomori. As expected, the noodles are made in-house.

What sets a standard bowl of Tsuna supe miso ramen apart from a less popular shop is the intensity. The soup is fatty and rich, and could probably be served without the addition of miso at all. But when the sweet Sendai miso blend is added, it takes the entire bowl to another level. Sweet and salty followed by rich and creamy.
Go for the supe version; it means special and comes with extra pork, *nori* seaweed, and an egg.

Urban House 1F, 1-4-1 Ebisu, Shibuya-ku, Tokyo, 03-6450-2776, 11:30～23:00 Mon.-Fri., 11:30～22:00 Sat., Sun. & National Holiday

ブライアンのラーメン・アドベンチャー 福岡編

博多の夜、屋台クルーズを楽しむ

　ぼくのようなラーメン食いにとって、博多のラーメン屋台は伝説的な存在だ。ちょっと怪しげな場所で、強烈な臭いのラーメンを夜じゅう、食べさせてくれる。

　気になっていた博多に、やっと行くチャンスができた。2010年のこと。10日間の予定で、オートバイで九州を一周するのだ。訪れるのは、バイクツーリングで巡るのに魅力的なスポットばかり。砂風呂で有名な指宿、古代杉の宝庫の屋久島、緑の高原に曲がりくねったドライブウェイが続く阿蘇、地獄巡り温泉がある別府、そして、博多ラーメンの福岡だ。

　福岡の宿は、天神の安いカプセルホテルにした。屋台がひしめく天神なら、ラーメン食いに浸れる。本場の博多流にならって、真夜中の午前2時過ぎに、天神の有名店[一龍]の行列にすべり込んだ。するとすぐに、目の前にいたサラリーマンのグループが手招きで呼んでくれ、彼らのテーブルに加わらせてくれた。グループは5人。ビールとうまいラーメンとともに、新しい友だちをつくるのはなかなか楽しい。

Ramen Adventures

　真夜中だというのに、お開きの気配はまったくなかった。上司の命令のもと、ぼくも彼のために働いているOLのように、誰からの助け舟もないまま、彼らに付き合うことになった。屋台街の魅力は、地元の味を手軽に楽しめる店が集まっているところだ。ぼくたちはラーメン屋台を出て、焼鳥の屋台に入った。炭火焼のねぎま、レバー、ハツ、軟骨、それに地元の強い焼酎も味わった。

　こんなふうに打ち解けられるのだから、福岡の人はとてもフレンドリーなのだと思う。それとも、ぼくみたいなのっぽの外国人を飲み友だちにするのが目新しかったのかな。ぼくたちは、次から次へと屋台をはしごして、始発電車が出る頃まで、たらふく食べてたらふく飲んだ。

　彼らには、ぼくのラーメン・ブログの名刺を渡したけれど、"Ramen Adventures"のサイトを見てくれているかどうかはわからない。もしかしたら、あれだけ一緒に飲んで食べたのに、翌日にはぼくのことを忘れているかもしれない。なにはともあれ食と酒で一瞬の時をとことん楽しむことの幸せ。福岡のラーメン屋台での出会いは、そんなことをぼくに教えてくれた。

Ganko
Hototogisu
Ivan
Motenashi Kuroki

SHIO RAMEN

塩ラーメン

一条流がんこラーメン 西早稲田店
金色不如帰
アイバンラーメン
饗 くろ㐂

一条流がんこラーメン 西早稲田店
いちじょうりゅうがんこラーメン にしわせだてん

Ganko　　　　　　　　　　　　　　　　　　　　　　　EN → P.150

"がんこ"に追求してきた、キレのある塩味とだしの旨み

　東京ではありうることだが、ラーメン店のなかにはまったく予想もつかないような、不思議な店というものがある。［がんこ］の西早稲田店もそんな店のひとつだ。

　店の名がわかるようなこれといった看板もないし、真っ黒なシートですっぽり覆われた掘っ立て小屋みたいな造りで、初めての人にはここが店ということすらわからない。この店の唯一の目印といったら、入口にぶら下げられている骨だけ。本物の骨がチェーンにくくりつけられている。風変わりとしか言いようのない店だね。

　［がんこ］という店名がぴったりの店主がひとりでやっているのだが、見るからに店の内装とか外観とかはまったく気にしていなくて、ただひたすらラーメンに取り組んでいる。たとえば、スープの味に満足できないと、その日は突然、店を休業にしてしまうなんていうことは、よくあることらしい。

　店の特徴ともいえる塩ラーメンはなかなか強烈だ。これは塩っ辛いという意見も多いが、一方、今までに食べたなかで最高と言う人も多い。
　ファンは必ず戻ってきて、無料の青唐辛子をパラパラとふりかけ、おいしそうにラーメンをすする。極めつけは、エビ油がかかっているえび油塩ラーメン。絶対におすすめだ。

SHIO RAMEN

> 極めつけは、エビ油がかかっている
> えび油塩ラーメン。絶対におすすめだよ。
>
> There is a particularly appealing ebi-abura version, topped with a drizzle of shrimp oil, that I swear by.

仕上げにかけられるエビ油の香りが食欲をかきたてる一品

えび油塩ラーメン 700円
Ebi Abura Shio Ramen

東京都新宿区西早稲田3-15-7
非公開
12:00〜21:00
土・日曜休
都電荒川線・面影橋駅から徒歩4分

金色不如帰
こんじきほととぎす

Hototogisu　　　　　　　　　　　　　　　　　EN → P.150

ハマグリとトリュフが香る唯一無二のスープ

　[不如帰]は知る人ぞ知る隠れた名店だ。隠れた、とはいえもちろん知られていないということではない。営業が始まるころに行ったら10人以上は席待ちがいると覚悟したほうがいい。

　でも、待つ価値はあるね。東京では、塩も醤油も、それぞれのジャンルで最高位にランクされる店だと思う。

　スープは豚骨とハマグリから作られる。それに深い味わいの醤油を合わせ、風味を増すために塩を加える。モンゴルの塩と沖縄の塩、トリュフ・オイル、さらにピンク色の胡椒の実も一体となって混ざり合い、洗練された味を生んでいる。

　覚えておきたいのは、週に2回、違うラーメンを出す店に変わること。木曜は煮干しそば、金曜は味噌中華そばの店だ。煮干しそばも大人気で、すぐに売り切れてしまう。

　限定ラーメンにかかわらず、週のどの日にしても、早めに行ったほうがいいことは確かだ。

SHIO RAMEN

> 塩も醤油も、それぞれのジャンルで
> 最高位にランクされる店だと思うよ。
>
> Both the shio ramen and the shoyu ramen are considered some of the best in Tokyo in their respective genres.

口に入れた瞬間、ハマグリとトリュフの芳醇な香りが広がる

味玉塩そば 950円
Ajitama Shio Soba

東京都渋谷区幡ヶ谷2-47-12
03-3373-4508
11:30〜15:00 18:30〜22:00
木・金曜休(木曜は「一汁三にぼし 裏不如帰」、金曜は「中華そば 金色不如帰 覇」として営業)
京王新線・幡ヶ谷駅から徒歩3分

アイバンラーメン

Ivan　　　　　　　　　　　　　　　　　　　EN → P.151

ラーメンに魅せられたアメリカ人が、工夫を凝らした一杯

　アイヴァン・オーキンのことを話しだしたら本が1冊書けるほどだ。実際、最近もラーメン好き必読の本を出したが、その本はうれしいことに、料理本と回想録が一緒になっている。生粋のニューヨーカーのアイヴァンがどうやって東京のラーメン店で大成功をしたかがわかるんだ。

　東京の[アイバンラーメン]はオープン以来何年もの間、席が空くのを待つ長蛇の列が絶えなかった。それは、外国人が作る最初のラーメン店という過剰な宣伝よりも、現実はもっと優れているという証しでもあった。今では行列はできなくなったが、味のほうは変わらず、素晴らしい。

　常連客がよく注文するのは塩ラーメン。白い丼で提供される。この丼が、東京でも評判の美しくシンプルなラーメンをいっそうひき立てる。スープは大量の鶏と良質の煮干でだしをとっている。
　アイヴァンは麺に全粒粉を使った。それは、製麺業者にとっては常識破りのことだったから、アイヴァンはバカにされたが、東京の有名なラーメン店が次々と全粒粉を使うようになった。

　ぼくは人気の店や新しい店をつねに見ているが、「アイヴァンのやり方にそっくりだ」と思うことが多い。アイヴァンは誰もが首ったけになるようなラーメンが作りたかったんだ。
　とくにすべてのトッピングがのった"全部のせ"は、大満足さ。どれかひとつを選ぶとするなら、トッピングはぜひ、特製焼トマトを試してほしい。

SHIO RAMEN

> トッピングは特製焼トマトがおすすめだよ。
> If anything, get the signature roasted tomato topping.

鶏と魚介のWスープに自家製麺がからむ。多彩なサイドメニューもおすすめ

特製塩ラーメン 1050円
Tokusei Shio Ramen

東京都世田谷区南烏山3-24-7
03-6750-5540
11:30〜14:30 18:00〜21:00
土・日曜、祝日11:30〜21:00
水曜・第4火曜休
京王線・芦花公園駅から徒歩5分

FILE 041

饗 くろ㐂
もてなし くろき

Motenashi Kuroki   EN → P.151

鶏、塩、すべてが調和した深い味わい

　秋葉原は電気街として知られているが、ラーメン店に関してはあまり聞かない。食事のできるところといえば、もっぱらファミレス・チェーンやファストフード店が主流だ。

　たいていの客はそれより最新のプラモデルとか漫画のキャラ関連グッズ、若いポップアイドルのサイン入り限定プリントを買うことのほうに興味がある。オタクたちの興味が最優先、食べ物のことは二の次になる。

　ところが、ありがたいことに、秋葉原には[饗 くろ㐂]がある。この地域の店としては比較的新しい。店主の黒木さんはラーメンの修業をしていたのはもちろん、イタリア料理にも通じている。

　だしは、魚介がベース。カツオ節など高級乾物の箱が店内の空きスペースを埋め尽くすように置かれている。スープはスモーキーで風味豊かでパンチが効いている。

　塩そばを注文すると、ゆっくり煮込まれた肉のさまざまな部位の味が積み重なり、さらにカツオ節のだしと融合し複雑な味に仕上がっている。このスープの味がこの店を有名にした一因でもある。軽やかな塩のスープが、魚介の素晴らしい味わいを認識させてくれる。

　金曜は店の名前を[紫 くろ㐂]に変え、限定メニューが用意される。もちろん外の行列に変わりはない。

SHIO RAMEN

> このスープの味がこの店を有名にした一因なんだ。このスープを飲めば魚介の味わいの素晴らしさがわかるよ。
>
> The lightness of a shio broth really lets you appreciate the finer tastes of seafood.

脂が甘いジューシーな豚チャーシューと、ゆず香るあっさり鶏チャーシューがのる

味玉塩そば 950円

Ajitama Shio Soba

東京都千代田区神田和泉町2-15
四連ビル3号館1F
03-3863-7117
11:30～15:00 18:00～21:00
水曜11:30～15:00
金・日曜・祝日休（金曜は「紫 くろ㐂」として営業）
各線・秋葉原駅／各線・浅草橋駅から徒歩7分

FILE 038-039   SHIO RAMEN

Ganko → P.142-143

As expected in Tokyo, some ramen shops are downright quirky, strange places. The Takadanobaba branch of the Ganko family of shops is just such a place.
With no signage to speak of, look for the shack-like structure covered entirely with a black tarp. The only other indication that anything is going on here is the stark white bone hanging from a chain in front of the door. Unique, to say the least.

Ganko means stubborn, and the shop's master fits the bill. Obviously caring nothing about the shop's interior or exterior image, he is focused intently on the ramen. So much so that the shop is known to be unexpectedly closed if the soup is not perfect that day.

The signature shio ramen is intense. Many people call it too salty, but many call it one of the best they've had.
Fans keep coming back, tossing in a spoonful of minced jalapeno peppers, and slurping away. There is a particularly appealing *ebi-abura* version, topped with a drizzle of shrimp oil, that I swear by.
3-15-7 Nishiwaseda, Shinjuku-ku, Tokyo, 12:00〜21:00 Mon.-Fri.

Hototogisu → P.144-145

Hototogisu is a hidden gem. Hidden, but not unknown by any definition of the word. If you show up at the time of the shop's morning opening, expect about a dozen people to be waiting for a seat.
Worthy of the wait, both the *shio* ramen and the *shoyu* ramen are considered some of the best in Tokyo in their respective genres.

Both use a soup made from pork bones and clams. While the soy sauce version has a deeper taste, the salt one goes above and beyond in the quest for flavor. Both Mongolian and Okinawan salts, truffle oil, and pink peppercorn all meld into one sophisticated taste.

It should be noted that the shop makes a special, once-a-week bowl of niboshi ramen that often sells out quickly after opening. One thing is sure. Any day of the week, get here early.
2-47-12 Hatagaya, Shibuya-ku, Tokyo, 03-3373-4508,
11:30〜15:00 / 18:30〜22:00 everyday except on Thu.-Fri.

SHIO RAMEN FILE 040-041

Ivan
→ P. 146-147

Ivan Orkin's story could fill a book. Luckily for ramen fans everywhere, he recently released a combo cookbook and memoir that explains how a native New Yorker went on to open one of Tokyo's more successful ramen shops.

His shop commanded round-the-block lines for years after opening, a testament well beyond any hype surrounding the first foreigner to make a good bowl of noodles. The lines have since died down, but the taste is still amazing.

Most repeat customers go for the shio ramen, a light soup served in pristine, white bowls that make this one of the most beautiful, yet simple ramens in Tokyo. The soup is a simple double soup made from a lot of chicken and a lot of quality dried fish.
Ivan was one of the first chefs to use whole grains in his noodles. And while other noodle makers scoffed at him for breaking the norm, many of Tokyo's finest ramen shops have jumped on the bandwagon.
I'm constantly seeing noodles at hot, new shops and thinking, "Those look like Ivan's". Ivan wanted a bowl that anyone could crush, and even the zenbu-nose bowl with everything on top is a satisfying slurp. If anything, get the signature roasted tomato topping.
3-24-7 Minamikarasuyama, Setagaya-ku, Tokyo, 03-6750-5540, 11:30～14:30/18:00～21:00, Mon.-Fri., 11:30～21:00Sat., Sun. & National Holiday, closed on Wed. & 4th Tue.

Motenashi Kuroki
→ P. 148-149

Akihabara, Tokyo's famous center of the universe for all things electric, has had a bad run with ramen. Gourmet shops tend to fare just as well as cheap chains, as most customers are more interested in picking up the latest puramo (plastic model toy), manga goods, or limited edition signed prints from their favorite underage pop idol. Food takes a back seat to many otaku pursuits.

Luckily, Motenashi Kuroki is there for you. A relative newcomer, Kuroki-san has roots with Italian cooking as well as miso ramen training.
You'll probably guess that seafood, are a main ingredient; boxes of the premium ingredient seem to fill up any empty space in the shop. And the use of seafood for that smoky, flavorful punch is spot on.

Go for the special shio bowl, it is piled up with different cuts of slow-cooked meats, something the shop has become known for. The lightness of a shio broth really lets you appreciate the finer tastes of seafood.
It should be noted that on Fridays the shop changes into Murasaki Kuroki, a duck and shoyu ramen that has people lined out the door.
Yonren Bldg. 3-1F, 2-15 Kandaizumicho, Chiyoda-ku, Tokyo, 03-3863-7117, 11:30～15:00/18:00～21:00Mon.-Tue., Thu. & Sat., 11:30～15:00Wed.,

ぼくの[ラーメン二郎]物語

　[ラーメン二郎]。この有名店について、ぼくはなにを語れるだろう。日本のラーメン・オタクたちは、[二郎]の一杯はラーメンという枠を超えているという。さらに、異次元の食べ物だと言う人がいるかもしれない。例えてみると、豚一頭を丸呑みにするようなインパクト。それが[二郎]のラーメン。ぼくにとっても、今までに食べたものを超越するような味だった。

　いわゆるジロリアンたちは、[二郎]のラーメンを食べるときの心構えをこう説く。[二郎]を食す日は、胃袋を最良の状態にしておくため、朝食に熟した洋梨を食べるだけで、ほかにはなにも食べてはいけないと。とにかく、[二郎]のラーメンはガッツリ系の男気にあふれる食べ物だから、ぜひチャレンジしてもらいたい。そして、[二郎]のラーメンを味わうと、それにちなむ物語が必ず生まれるのだ。

　ぼくの二郎物語はこんな話だ。

　あるとき、日本語の交換ウェブサイトで、ぼくはマリコという女性と知り合った。日本のこういうサイトには出会いを求める人たちもアクセスするので、サイトで知り合った男女がデートをする可能性がある。そういうふうに交際を始めて、結婚した友だちもいる。ぼくとマリコは会うとすぐに意気投合して、カフェで会うことにした。さて、これを本物のデートに発展させなければ。

　それは2010年のことで、ちょうどぼくがラーメンに魅了されている時期だった。それで、彼女をラーメン店に誘った。当時なにかで読んで知ったばかりの店で、大人気ということ。それが[二郎]だった。
　そう、ぼくは、きれいで、きゃしゃな日本の女の子を、[二郎]でのラーメン・デートに誘ってしまったのだ。

　[二郎]には長い行列ができていた。待ちながら、ぼくは何度も予習した注文の仕方を彼女に教えた。[二郎]には独特の注文スタイルがあって、ラーメンができあがる直前に、店員が大声でこう聞く。「にんにくは入れますか？」この

言葉は店のルールのようなもので、にんにくについてだけでなく、唐辛子、脂身、野菜をどれくらい入れてほしいかを答える。たとえば、「ゼンブフツウ」と答えると、すべての具をまんべんなくのせてくれる。筋金入りのジロリアンだと、「ヤサイマシ、カラミフツウ、セアブラマシ、ニンニクマシマシ」など、手慣れた感じで答える。細かいリクエストもスラスラ頼む。答えをとまどっていたりすると、店員に叱られるかもしれない。

［二郎］は油がよく効いた機械のようなもので、それにラーメンの背脂のなめらかさが加わり、店はいっそうスムーズに回転する。だから、自分が欲しいものをきちんと伝えることを、客に求めるのだろう。

ぼくのデートの話に戻ろう。ぼくたちは２人ともゼンブフツウを注文した。目の前に運ばれてきたのは、豚のジュースが入っているようなラーメン。

最初のひとすすりは絶品で、ふたすすりめはちょっとつらく感じるかもしれない。すぐに満腹感をおぼえるし、カロリーも気になるだろう。そこを我慢して、一生懸命すする。可能なかぎりすする。お手上げだと感じるころ、丼にはまだ４分の３くらいが残っている。丼の中を見ると、ラーメンが嘲笑うように見つめ返してくる。周りのジロリアンたちは、大盛りを注文していても、ほとんど平らげている。男気を出して、もう少し食べ進めるしかない。でないと、かなり立場が悪くなる。

そのデートで、マリコが食べたのは全体の５％ほどのラーメン。［二郎］のすごさにびっくりしているようだったが、精一杯の微笑みをぼくに向けて、感謝の言葉を口にしてくれた。
　その後、マリコがぼくを非難するようなことはなかったけれど、ぼくは彼女の、あくまで友だちという圏内に入れられ、そこから昇格することはなかった。その後、ぼくたちは２、３回、一緒にラーメンを食べに行ったけれど、さすがにセレクトしたのは、ライトでヘルシー系。［二郎］とは対極にあるようなラーメンであることは言うまでもない。

Fuunji
Gotsubo

TSUKEMEN

つけ麺

風雲児
麺や庄の Gotsubo

風雲児
ふううんじ

Fuunji EN → P.160

言わずと知れた行列店。ホスピタリティの高さにも感動

　Wスープというのは東京では人気の手法だ。肉のスープに魚介のだしを加えることで、濃厚なスープにコクが増す。お気に入りの店はいくつかあるが、［風雲児］は日本のつけ麺の店のなかで、最高のさらに上をいくね。

　店内はいつも満席。店の外には少しだけの待ちスペースがあるが、じつは店の中に入ると、さらに壁に沿って立って待つ。
　店主の三宅さんは気持ちよくお客を迎える。つけ麺を待つのは5分ほど。油がきいた機械のようによく動くスタッフは、手際よく丼を用意したり、麺を茹でたり、スープを用意したりする。スタッフの仕事はとても手際がよくて、見ていて気持ちがいい。

　たいてい、この手のラーメンやつけ麺のコクや旨みを出すには、驚くほど大量の豚を必要とする。ここのスープは、豚肉を一切使っていない。国産の鶏だけだ。
　鶏肉のスープに加えられるのは魚介スープ。カツオ節の名産地である高知県産のものを加えると、スープに強烈なインパクトが生まれる。ほとんどのつけ麺の店同様に、同一料金で並盛か大盛かを選ぶことができる。

　最後に忘れてはいけないのが、スープ割り。カウンターにある専用のポットから割りスープを入れ、ラーメンやつけ麺に残ったスープを薄めて飲もう。薄めのだしがすっきりした後味でおいしい。

　ぼくはランキングで順位をつけるのは嫌いだが、もしつけるとしたら、この店はトップクラスにランクされることは間違いない。

TSUKEMEN

> 鶏スープに高知県産のカツオ節を加えると、スープに強烈なインパクトが生まれるんだ。
>
> Added to the chicken soup is a fish soup that seals the deal. Smoky dried fish from Kochi Prefecture, gives this soup a huge impact.

得製つけめんは味玉、のり、メンマ、ネギが付き、チャーシューも増量

得製つけめん 1000円

Tokusei Tsukemen

東京都渋谷区代々木2-14-3
北斗第一ビル1F
03-6413-8480
11:00〜15:00 17:00〜21:00
日曜・祝日休
各線・新宿駅から徒歩6分

麺や庄の Gotsubo
めんやしょうの ゴツボ

Gotsubo　　　　　　　　　　　　　　　　　　　　EN → P.161

芸術的に盛り付けられた、色とりどりの野菜を楽しむ

　[Gotsubo]とは5坪のこと。1坪が3.3㎡なので、5坪という面積はかなり狭い。かろうじて6人がやっと座れるほどだが、[Gotsubo]は今や大評判の店。[麺や庄の]を展開している庄野さんの店のひとつだ。

　店が狭いことにも驚くが、もっと驚くのはメニューのアイデアだ。麺をおいしいスープにつけて食べるというただそれだけではなく、いろいろな種類の日本の野菜も添えて食べるという斬新なもの。ただし、野菜の種類は季節により出されるものが異なる。

　お客は食べてみるまでは実際どんな野菜が出てくるかよくわからない。最近食べた春のバージョンでは、カブ、アカダイコン、揚げたカボチャ、菜の花のほかに15種もの野菜が並んだ。それに肉ももちろんあったよ。それによってたとえわずかでも風味が加わるからね。

　スープは2種類から選択できる。どうかこの愉快で小さな店を楽しんでほしい。野菜の名前がどれだけわかるか当てるのも楽しみのひとつだ。

TSUKEMEN

> この愉快で小さな店を楽しんでほしい。
> 野菜の名前がどれだけわかるか当てるのも
> 楽しみのひとつだよ。
>
> Enjoy this fun little shop. Part of the fun is trying to figure out how many of the toppings you can name.

鶏と野菜と煮干の濃厚なスープにつけて。ヘルシーながら満足感は十分

ベジつけ麺
Vegi Tsukemen

東京都新宿区新宿1-32-15
エムズ新宿御苑1F
03-6388-9227
11:00～15:00 17:00～22:00
日曜休
地下鉄・新宿御苑前駅から徒歩3分

FILE 042 — TSUKEMEN

Fuunji → P.156-157

It could be said that this style, with its thick meat soup made thicker by the addition of gyokai fish powder, is the most popular style in Tokyo. And for good reason. It is positively decadent, filling like nothing else, and extremely consistent. So much so that any shop serving this style tends to get forgotten in the midst of all the others. Fuunji, meaning luck traveler, is above and beyond one of the best tsukemen shops in Japan.

Always packed, be prepared for a bit of a wait outside the shop before another wait standing along the shop's back wall inside. Miyake-san, the master of this shop, makes you feel welcome, and the five or so minutes inside are spent staring in amazement at the well-oiled machine; four staff members quickly prepping bowls, boiling noodles, directing traffic, and ladling soup. They've had practice, as Fuunji has been serving the same simple menu since they opened in 2007.

The meat soup here is actually made with no pork, just locally sourced chicken. It is surprising, as the richness and *umami* flavors that make this style so popular almost always require copious amounts of pork.
Added to the chicken soup is a fish soup that seals the deal. Smoky dried fish from Kochi Prefecture, one of Japans premier regions for its production, gives this soup a huge impact. As with most tsukemen shops, you can choose your size, and a large serving of noodles is the same price as a small.

Be sure to dilute your leftover soup with some counter-top wari soup, a light broth that makes the whole thing go down smooth.

I hate ranking lists, but this one would be up there on mine.
Hokutodaiichi Bldg. 1F, 2-14-3 Yoyogi, Shibuya-ku, Tokyo, 03-6413-8480, 11:00〜15:00/17:00〜21:00 Mon.-Sat.

TSUKEMEN　　FILE 043

Gotsubo
→ P. 158-159

One tsubo is a measure of area only about three square meters. So a shop that is five tsubo (or gotsubo) is positively puny. This is where gotsubo, another one of Shono-san's creations, gets its name. The dinky shop seats only six people, barely.

Even more surprising than the size is the menu. The idea is to not just dip noodles into some tasty soup, but to dip a plethora of fresh, Japanese vegetables in as well. As the seasons are always changing, so are the toppings at gotsubo.

You never quite know what you are going to get. A recent spring version featured turnips, red daikon, fried pumpkin, nanohana, and about 15 other tasty veggie bits. Meat makes an appearance, albeit just for a bit of added flavor.

Choose from two types of soup, and enjoy this fun little shop. Part of the fun is trying to figure out how many of the toppings you can name.

M's Shinjukugyoen 1F, 1-32-15 Shinjuku, Shinjuku-ku, Tokyo, 03-6388-9227, 11:00〜15:00/17:00〜22:00Mon.-Sat.

ブライアンのラーメン・アドベンチャー 千葉編

ラーメン・ライダー、千葉の名物店を駆ける

　ラーメンと同じくらい、ぼくはオートバイが好きだ。バイク仲間と一緒によくツーリングをするけれど、われながらオートバイ乗りはかっこいいと思う。革ジャンでばっちりきめて山里を走ったり、スポーツバイクで山奥の峠をめざしたり、スタントマンを気取って高速道路を疾走したり……。

　日本でのツーリングはとても面白い。いちばんの楽しみは、もちろん"ラーメン・ライダー"になること！　早起きしてバイクで出かけ、見知らぬ街に点在するラーメン店のなかから、うまい店を探す。ひたむきに、おいしいラーメンを見つける。ぼくたちオートバイ仲間のジャケットには、"Ride and Slurp(ツーリングして、ラーメンを食う)"の文字を入れたほうがいいかな。

　東京からツーリングで気軽に行けるのが、千葉の房総半島だ。長い海底トンネル、東京湾アクアラインをバイクで走ると、あっという間に千葉県に入る。すぐに、車がまばらな山道になり、行った先々でうまいラーメン屋を選べる。

　なかでも、おいしいのが[うまいもん処 地雷や]。ライダーによる、ライダーのための、至福の一杯を出す店だ。この店の主はあるオートバイ・クラブの会長を務めていて、ハーレー乗りの日本人にとって、ここでラーメンを食べることは聖地巡礼に等しい。店主は一見ぶっきらぼうだが、温かくて誠実な人。ぼくは、ウィンカーが壊れたままの愛車ホンダCB1000に乗って、彼のラーメンをよく食べに行った。今も、ここのラーメンは大好きだ。

　気になる一軒は[江ざわ]。最初に行ったときは20人ほどの行列ができていて、ほとんどがライダー。開店前だったので、ぼくたちはヒツジのようにおとなしく店の前に並んだ。待って、待って、待ちに待った。開店時刻になって、店の中がからっぽだと気づいたときはもう遅い。休業日だったのだ。不定期に休むので、いつ開くか、休むかわからない。30人ほどに増えていた行列はあっけなく解散。その日は、近くの食堂でのメシになった。

Ramen Adventures

　2度目の[江ざわ]訪問も、失敗。1カ月前に店が引っ越していて、移転先に電話をしたら、「スープがなくなったので本日は閉店します」という留守番電話になっていた。開店して1時間ほど経ったばかり。店の人気をあらためて思い知った。

　千葉にもう一軒、ぼくのGPSに登録している店がある。田んぼのど真ん中にある[八平]だ。初めて行ったとき、こんなところに店があるのかと思ったけれど、人が大勢乗ったミニバンが田舎屋風の建物に向かっているのを見て、ここだと確信した。建物の前には25人ほどの行列。そこが、アリラン・ラーメン発祥の店、[八平]だった。

　[八平]のピリ辛ラーメンは、素晴らしくおいしかった。アリラン・ラーメンという名前は韓国にあるアリラン峠にちなんでいて、[八平]も峠にあるため名付けたそうだ。峠越えには体力が必要とあって、豪快なラーメン。麺は太い自家製麺、スープはスパイスを効かせた醤油系。仕上げに分厚いチャーシューがのる。これが[八平]のこだわりの一杯だ。

　その後、ぼくはオートバイで事故に遭って、入院した。バイクで再度[江ざわ]を訪れようと思っていたが、時機を逃して、まだ行っていない。でも、ぼくの代わりというわけではないけれど、ラーメン・ライダーたちは今日も千葉を駆ける。おいしいラーメンを探しながら……。

Bassanova
GACHI Aburasoba
Gonokami Seisakujo
Lashowhan
Manriki
Senrigan
Papapapapain

ORIGINAL RAMEN

オリジナルラーメン

バサノバ
油そば専門店 GACHI
五ノ神製作所
担々麺 辣椒漢
スパイス・ラー麺 卍力
千里眼
パイナップルラーメン屋さん
パパパパパイン

バサノバ

Bassanova　　　　　　　　　　　　　　　　　EN → P.180

辛さと甘さと旨みが癖になるエスニックラーメン

　［バサノバ］はタイ風ラーメンの店だが、それがすっごく絶妙だ。というのは、いわゆる典型的な日本のラーメンの味わいもあるし、もちろんタイ風のエッセンスもたくさんある。両方の要素を持っていて、そのバランスがすごくよくとれている。

　トムヤム麺とかタイ風ラーメンの店はたくさんあるけど、たいがいは、麺は茹で過ぎでのびてしまっているし、スープはまるで残り物のようなタイ・スープといったシロモノで、とてもラーメンとはいえない。

　そんななかで、［バサノバ］で食べる麺は、この店のルーツが九州にあることを証明するように、どれを頼んでも濃厚な豚骨スープがベースになっている。そこに、強烈な香りを出すためにさまざまなタイ風味のペーストが加えられるんだ。グリーンカレーソバもトムヤムクンソバもどちらも大人気のヒット商品だ。

　ここの常連さんはみなグリーンカレーソバをすすめる。最初、口の中に入れた瞬間は辛いんだ。でも、すぐあとから、ココナツミルクのまろやかな味が広がってくる。最後は、なめらかな豚のだしの味が舌に残り、旨みで口の中がいっぱいになるんだ。これにビールと餃子があれば、店を離れがたいね。

　最近、ニューヨークに支店を出した。いよいよ国際デビュー、この味が世界に認められる時がきたということ。

ORIGINAL RAMEN

> 最初、口の中に入れた瞬間は辛い。
> でも、すぐあとから、ココナツミルクの
> まろやかな味が広がってくるんだ。
>
> The initial taste is spicy, followed by some creaminess from the coconut cream.

カリッと香ばしい鶏の
チャーシューがのる。
締めはご飯を追加し
てカレーにしても◎

グリーンカレーソバ 1000円
＋煮玉子 100円

Green Curry Soba + Nitamago

東京都世田谷区羽根木1-4-18
新代田たちばな荘1F
03-3327-4649
18:00〜翌1:30
土・日曜11:30〜15:00 18:00〜翌2:00
不定休
京王井の頭線・新代田駅からすぐ

油そば専門店 GACHI

あぶらそばせんもんてん ガチ

GACHI Aburasoba　　　　　　　　　　　　　EN → P.180

麺とトッピング、調味料との組み合わせが絶妙！

　東京にはいわゆる普通の油そばを出す店はたくさんある。油そばとは汁なしラーメンのことで、麺にはタレや唐辛子、それに油がたっぷりとかかっている。

　[麺や庄の]はラーメンの有名店だが、その4店舗目がオープン。若い麺打ちの達人の技が生きる自家製麺で他店に太刀打ちしている。店の奥に製麺所があり、職人が粉まみれで麺を打っている様子を見ることができる。

　炭水化物と脂肪っていうのはおいしいけれど、すぐ太るから、うまく付き合っていくのが難しいよね。

　注目すべきは、しっかりした歯ごたえを出すために、パスタに使うデュラムの小麦粉を使っていること。だから、麺はもちもち。でも、[GACHI]がほかの汁なし麺の店と明らかに異なるのは、質の良い麺はもちろんだが、トッピングへの細やかな配慮がすごいことだ。

　タレには、太白ゴマ油という健康に良い油と、和歌山産の醤油がほどよくブレンドされている。そこに好みのトッピングをするわけだが、これがじつに種類豊富で豪華。こんなにごちゃ混ぜにしてしまうのはいくらおいしいといってももったいなく感じるほどだ。

　混ぜてはちょっと味見をする。香味油や昆布酢を数滴たらして、また混ぜ、味見をする。こうすればカウンターに並ぶたくさんの調味料のさじ加減で、いっそうおいしいトッピングができあがることになる。

　ぼくは、自家製のスパイシーなメンマやフライドガーリックを健康に悪くない程度に適量プラス、さらに酢を少し足すのが好きだね。

ORIGINAL RAMEN

> [GACHI]がほかの汁なし麺の店と明らかに異なるのは、トッピングへの細やかな配慮がすごいところだと思うよ。
>
> What sets Aburasoba GACHI apart from other soupless shops is the attention to detail in the toppings.

驚くほどもちもちの自家製麺と、醤油と油の旨みが生きたタレとの相性が抜群

油そば 690円
Abura Soba

東京都新宿区住吉町7-10
曙企画ビル1F
03-6380-4874
11:00〜15:00 17:00〜23:00
日曜休
地下鉄・曙橋駅からすぐ

五ノ神製作所
ごのかみせいさくじょ

Gonokami Seisakujo　　　　　　　　　　　EN → P.181

濃厚なエビのだしがラーメンと合流した！

　最近のラーメン界のトレンドとして、大量のエビをだしに使う店が急増している。そのうち、ほとんどの店はその流行を追いかけているだけだが、［五ノ神製作所］は明らかに本格派のエビだしが味わえる店として登場した。

　［五ノ神製作所］はスープが赤くなるほどたくさんの量のエビを使っている。甲殻類アレルギーの人は十分に気をつけたいが、でなければ、エビだしの風味を堪能したい。
　表の看板にも大きな金属製のエビが飾りになっているように、店に入っただけで、エビの強烈な香りが店内にあふれている。

　全粒粉を使った自家製麺がたっぷり盛られる。それがエビ油が入ったつけ汁にぴったり合う。
　オプションのトッピングとして、バジル・ペーストもおすすめ。すでに香り高いが、さらに加えると、まるでイタリア風つけ麺のような感じになる。

ORIGINAL RAMEN

> オプションのトッピングとして、バジル・ペーストもおすすめだよ。
>
> An optional topping, basil pesto, adds even more to this already flavorful bowl, making this one into some sort of Italian fusion tsukemen.

麺は全粒粉の太いストレート麺。濃厚なエビのつけ汁にからめて

海老トマトつけ麺 880円

Ebi Tomato Tsukemen

東京都渋谷区千駄ヶ谷5-33-16
シャトレー新宿御苑第一1F
03-5379-0203
11:00〜21:00
無休
各線・新宿駅／地下鉄・新宿三丁目駅から徒歩3分

FILE 047

担々麺 辣椒漢
たんたんめん らしょうはん

Lashowhan   EN → P.181

激辛麺ファン待望、担々麺の専門店

担々麺の起源は中国食文化の奥深いところにある。四川省の成都を経由して広まったが、タンタンミェンというこの料理が生まれたころは、麺を茹で、タレにからめるだけの簡単な料理だった。

東京にも担々麺を出す店はたくさんある。近所の中国料理店にもきっとあるはずだ。むしろ、専門店となると、選択肢が少ないかもしれない。

[辣椒漢]の店主・岡田さんは、香港で働いていたとき、素晴らしい中国料理の世界に惚れ込んだ。彼にとっては、日々のサラリーマン仕事より、夜の接待で本格的な料理に出会い、食べるほうがよっぽど楽しかった。そこで彼は会社を辞め、東京で自分の店を持つことにした。

メニューはマイルドな日式担々麺からスパイシーな麻辣担々麺まで多彩。痺れるほど辛い中国山椒が好きな人にはプレミアム正宗担々麺や麻辣担々麺にぜひ挑戦してほしい。日本でいちばん辛い麺のひとつではないだろうか。

ORIGINAL RAMEN

> 痺れるほど辛い中国山椒が好きな人にはプレミアム正宗担々麺にぜひ挑戦してほしい。
>
> Fans of sansho pepper should definitely go for the *premium seisoutantanmen*.

カイワレのほか肉味噌やナッツがオン。怪味（複雑な味）が食欲をそそる

正宗担々麺 850円
Seisou Tantanmen

東京都千代田区神田錦町1-4-8
ブロケードビル1F
070-2181-0168
11:00〜15:00 17:30〜20:00
土曜11:00〜14:00
日曜・祝日休
地下鉄・小川町駅から徒歩3分
※2015年5月、駒込に2号店オープン

…

スパイス・ラー麺 卍力
スパイス ラーめん まんりき

Manriki   EN → P.182

各種スパイスを操って、ユニークなラーメンが誕生

　店のシンボルは卍(まんじ)。日本とインドの文化の関係が深いことを意味しており、それはラーメンの味わいにもはっきり現れている。ラーメンを味わえば明白だ。

　ラーメンの丼にあしらわれた小さな卍から店内を飾る卍まで、店は卍マークで埋め尽くされている。さらに、店主の大橋さんの頭は卍模様に剃られているほどだ。もはやこの店と卍は切っても切れない関係になっている。

　[鬼金棒]で働いたあと、自身の個性があふれる料理を創造したいと思っていた大橋さんは、古いもんじゃ焼の店を引き取り、ラーメン店を開業した。濃いスープには修業したことを生かし、スパイスをたっぷりと使った。

　もっとも、コリアンダーなどインドのスパイスをたくさん使うことは彼独自の方法だった。醤油とトマトソースで味付けされた黒いスープは、驚くほど飲みやすく、複雑な味がからみ合ったものになっている。

　店は確実に進化しており、客は、さらにスパイスのレベルが向上することを期待してやまない。

ORIGINAL RAMEN

> コリアンダーなどインドのスパイスをたくさん使うことは彼独自の方法だったんだ。
>
> The use of more Indian spices, like coriander, are strictly his own

14種のスパイスが入ったスープにたっぷりのパクチーをオン

スパイス・ラー麺 780円
Spice Ramen

東京都江戸川区西葛西3-16-5
スワームマンション1F
03-6848-1346
17:00〜22:00 土・日曜、祝日11:30〜
15:00 17:30〜22:00
(スープがなくなり次第終了)
第1・3・5水曜休
地下鉄・西葛西駅から徒歩3分

千里眼
せんりがん

Senrigan　　　　　　　　　　　　　　　　EN → P.182

少食な人はチャレンジしないほうがいい？[二郎]系の店

　[千里眼]は、[ラーメン二郎]スタイルの一軒だ。本家本元の[二郎]のラーメンは、スープは豚からとり、麺の価格を抑え、ボリュームはたっぷり。さらに、大量のにんにく、山盛りの背脂、おきまりの注文方法(店員が客に「にんにくを入れますか？」と聞いたら、全部のトッピングについて注文する)は、東京では最も愛されているやり方のひとつだ。

　ファンは自分たちをジロリアンと呼ぶ。
　ぼくはあえて言うけれど、こってりラーメンが好きとはいえジロリアンではない。[二郎]のラーメンはそんなに軽々しく食べるべきものではないのだ。2、3回噛めば、このラーメンが好きか嫌いか、わかるはずだ。とにかく、[二郎]に行ってみよう。どこの[二郎]でもいい。ヘビーだけどね。

　[千里眼]は"二郎インスパイア系"といわれているが、少し食べやすい。豚肉はやわらかく、スープはコクがある。それにトッピングが素晴らしい。辛揚げという辛い揚げ玉のようなものがなかなかおいしい。独特の歯ごたえがあって、変わった風味のラーメンになる。

　忘れないでほしいのは、「にんにくを入れますか？」と聞かれたら、無料トッピングのうち、何をどのくらい入れるかを告げること。にんにく、背脂、辛揚げ、それに野菜の量が調節できる。そんなことを言われてもわかんないという人はただひと言「野菜まし以外」と言えばいい。そうすればどれも普通の量がトッピングされる。普通の量も食べられないようなら、これ以上は注文しないほうがいい。

ORIGINAL RAMEN

> 辛揚げという辛い揚げ玉のようなトッピングは、なかなかおいしいよ。
> The pile of spicy crisped rice is a nice touch.

もやし、にんにく、背脂、辛揚げなどが大量にトッピングされる

ラーメン 730円
Ramen

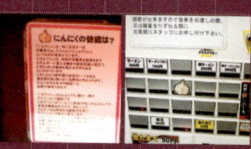

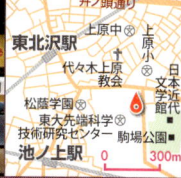

東京都目黒区駒場4-6-8 佐藤ビル1F
03-3481-5773
11:00〜14:30 17:00〜21:45
(日曜、祝日は〜20:45)
無休
小田急線・東北沢駅から徒歩7分

FILE 050

パイナップルラーメン屋さん パパパパパイン
パイナップルラーメンやさん パパパパパイン

Papapapapain　　　　　　　　　　　　　　EN → P.183

パイナップル＋ラーメンという斬新な発想に拍手！

　新しいラーメンの店はパイナップル・ラーメンを出していると聞いたときの僕のリアクションは、ほとんどの人と同じだと思う。ショッキングで、信じられなかった。ただぼく自身の仕事のためにも食べなければ、という脅迫観念みたいなものが頭から離れなかった。本当にそんなラーメンがあるのか？

　予想に反して、[パパパパパイン]の外には行列ができていた。
　店は手加減することなく、とことんパイナップルだ。味玉はパイナップルジュースに漬け込み、トッピングには厚切りのパイナップル、スープにはパイナップルの果汁を混ぜ、内装までパイナップル模様だ。パイナップル・ワインは売り切れだったけど、ハワイから取り寄せたというパイナップル風味のビール！はまだあった。

　ラーメンはどうかというと、これが驚くことにおいしいんだ。もちろん、毎日食べたくなるようなものではないけれど、一年に何度かは食べたくなるような何かが確かにある。
　パイナップルは、すでにおいしいラーメンにアクセントをつけているにすぎないということ。ピザとかハンバーガーに添えられるちょっとした追加としての役目をパイナップルが果たしているなら、ラーメンには向かないはずがない。とくに醤油ラーメンに甘みがよく合っている。

　通常のメニューのほかに、[パパパパパイン]では、月の限定メニューがあるが、ほとんどがフルーツ・ベースだ。イチゴ・ラーメンとか？

ORIGINAL RAMEN

> ラーメンはどうかというと、これが驚くことにおいしいんだ。
> So how was the ramen? Surprisingly good.

パイナップルの風味がほのかに漂う、フルーティな味わい

パイナップル塩ラーメン 720円
＋ 味玉 100円

Pineapple Shio Ramen+Ajitama

東京都杉並区西荻南3-12-1
日伸西荻プラザ1F
03-3247-2181
11：00〜23：00（日曜、祝日は〜20：00）
無休
JR西荻窪駅からすぐ

FILE 044-045 ORIJINAL RAMEN

Bassanova → P.166-167

Bassanova sits on the fine line between what is considered traditional Japanese and unique Thai fusion.
Sure, there are many shops that serve up Thai ramen, maybe a tom yum noodle, but these are usually nothing more than a bowl of leftover Thai soup with some overcooked noodles thrown in.

On the other hand, every bowl at Bassanova starts with a rich *tonkotsu* base, as the shop has roots in Kyushu. Then, different Thai pastes are mixed in to add intense flavors. Both the green curry soba and the tom yum soba are big hits.

Repeat customers swear by the green curry soba. The initial taste is spicy, followed by some creaminess from the coconut cream. Finally, the pork broth is smooth and full of *umami*. With a beer and some *gyoza*, it is hard to leave.
They recently opened a second shop in New York City, a testament to their international appeal.
Shindaita-tachibanasou 1F, 1-4-18 Hanegi, Setagaya-ku, Tokyo, 03-3327-4649, 18:00～1:30Mon.-Fri., 11:30～15:00/18:00～2:00Sat. & Sun., irregular

---

GACHI Aburasoba → P.168-169

Many shops in Tokyo serve up a standard *aburasoba*; a soupless noodle dish topped with a *tare* seasoning, some spices, and plenty of oil. Menya Shono's fourth shop strives to accentuate the young master's skill with handmade noodles. You can even watch the noodles being made in the back in a flour-drenched noodle factory.

Carbs and fat are easy to do, but hard to do well. High-quality durum flour is used for a firm bite. These noodles are very mochi mochi as the Japanese say. But what sets Aburasoba GACHI apart from other soupless shops, besides the great noodles, is the attention to detail in the toppings.

Expensive cold-pressed oils, flax seed and sesame, are blended with just the right amount of *tare* made from Wakayama soy sauce. Toppings are plentiful and gorgeous. It is almost a shame that you have to mix it all up into a delicious, sloppy mess before digging in. Mix it, eat a bit, and then add in a few squirts of spicy oil and konbu kelp-infused vinegar. Mix again, eat again, and finally top with even more counter-top condiments.
My favorite is with a healthy amount of homemade spicy *menma*, some garlic chips, and a bit more of the vinegar.
Akebonokikaku Bldg. 1F, 7-10 Sumiyoshicho, Shinjuku-ku, Tokyo, 03-6380-4874, 11:00～15:00/17:00～23:00Mon.-Sat.

ORIJINAL RAMEN　　　FILE 046-047

Gonokami Seisakujo
→ P.170-171

Recent years have seen a jump in the number of ramen shops using heavy amounts of shrimp in the broth. While many are just following the trend, Gonokamiseisakujo (winner of the longest name in this book) has emerged as a clear winner.

Gonokamiseisakujo uses a crazy amount of sweet shrimp to make their soup almost red in color. Those with a shellfish allergy are fairly warned, if not by the giant metal shrimp on the shop's facade, then by the intense aroma upon entering the shop.

The *ebi tsukemen* is served with a large helping of whole wheat noodles, made in-house, and hit with a drizzle of shrimp oil. An optional topping, basil pesto, adds even more to this already flavorful bowl, making this one into some sort of Italian fusion *tsukemen*.

Chatelet Shinjukugyoendaiichi 1F, 5-33-16 Sendagaya, Shibuya-ku, Tokyo, 03-5379-0203, 11:00~21:00 everyday

---

Lashowhan
→ P.172-173

Tantanmen's roots are deep in Chinese food culture. By way of Chengdu in Sichuan Province, dandanmian is a simple noodle dish fired up with chili oil and plenty of numbing *sansho* pepper.

There are many places in Tokyo serving the dish; your neighborhood Chinese restaurant will surely have it buried in the menu. But when you want a dedicated shop that specializes in nothing but, your options dwindle.

Lashohon's master, the eclectic Okada-san, lived and worked in Hong Kong, where he fell in love with great Chinese-style noodles. Enjoying his lunches of spicy noodles much more than his day-to-day salaryman job, he called it quits and opened his own shop in Tokyo.

The menu has plenty of choices, from the mild nisshiki tantanmen to the spicy gekikara tantanmen. Fans of *sansho* pepper should definitely go for the premium seisou tantanmen, possible one of the best spicy bowls in Japan.

Brocade Bldg. 1F, 1-4-8 Kandanishikicho, Chiyoda-ku, Tokyo, 070-2181-0168, 11:00~15:00/17:30~20:00Mon.-Fri., 11:00~14:00Sat.

FILE 048-049   ORIJINAL RAMEN

Manriki → P.174-175

Fear not, the manji symbol adorning the outside of Manriki has no negative meaning. Instead, it represents a connection to Japanese and Indian culture, evident in the flavors of the ramen.
The shop's interior is covered with the symbol, from tiny ones on the bowls to a massive one behind the noodle cooker. Even the shop's master, Ohashi-san, has one shaved into his hair. Now that's commitment!

After working at Kikanbo, Ohashi-san sought to create his own signature dish. Taking over an old monjayaki shop, he took a page from his training by using a thick soup with numbing *sansho* peppers.
The use of more Indian spices, like coriander, are strictly his own. The intense black soup, flavored with both soy sauce and tomato *tare*, is surprisingly easy to eat, yet full of layer upon layer of flavors.

The shop is constantly evolving, and customers can expect stronger levels of spiciness in the future.
SwarmMansion1F, 3-16-5 Nishikasai, Edogawa-ku, Tokyo, 03-6848-1346, 17:00〜22:30Mon.-Fri., 11:30〜15:00/17:30〜22:00Sat., Sun. & National Holiday, closed on 1st&3rd&5th Wed.

Senrigan → P.176-177

Much could be said about Jiro-style ramen. The original Jiro Ramen is almost pure pork, and cheap noodles keep the price low and the volume massive. Copious amounts of garlic, mounds of fat, and an almost ritualistic ordering system (You want garlic with that?) make this one of the most loved styles in Tokyo.
Fans have even taken to calling themselves Jirorians.
I should say that, while I enjoy a heavy bowl, I am not a Jirorian. This is not a food to be taken lightly. A few bites is usually enough to either love it or hate it. By all means, head to one of the many Jiro shops, but take heed, you may spend the next few hours in a pork-induced coma.

Senrigan is inspired by Jiro, but a bit easier to eat. The pork is tender, the soup rich, and the toppings great. The pile of spicy crisped rice is a nice touch, as it gives some texture and unique flavor to the bowl. Remember, you will be asked if you want garlic, to which you should reply how much of the various free toppings you want. The amount of garlic, fat, spice, and vegetables can all be customized. For those not wanting to make a fuss, a simple zenbu futsu will get you normal levels of everything.
Don't feel bad if you can't finish the bowl, but definitely do not order anything more than the regular bowl if you aren't fully invested.
Sato Bldg. 1F, 4-6-8 Komaba, Meguro-ku, Tokyo, 03-3481-5773, 11:00〜14:30/17:00〜21:45Mon.-Sat., 11:00〜14:30/17:00〜20:45Sun. & National Holiday

ORIJINAL RAMEN FILE 050

Papapapapain

→ P.178-179

My reaction upon hearing that a new shop was serving nothing but pineapple ramen was the same as most people's reactions to a shop serving nothing but pineapple ramen. Shock, disbelief, and a nagging need to try it for myself. This can't be a real thing!

Sure enough, Papapapapain had a line out the door. The shop was pulling no punches; everything is pineapple. Pineapple-juice-soaked eggs, pineapple chunks as a topping, a splash of juice mixed in with the soup, even the interior was covered in a pineapple motif. The pineapple wine was sold out, but some kind of pineapple-flavored beer from Hawaii was still on offer.

So how was the ramen? Surprisingly good. Not something I would want to eat everyday, but certainly something that I end up craving a couple times a year.
Keep in mind that the pineapple is just an accent on an already great bowl. Pineapple works (for many people) as a little something extra on pizza and burgers, so why not ramen? The touch of sweet matches particularly well the *shoyu* ramen.

Besides the regular menu, Papapapapain does monthly limited bowls, most always fruit-based. Strawberry ramen anyone?
Nisshin Nishiogi Plaza 1F, 3-12-1 Nishiogiminami, Suginami-ku, Tokyo, 03-3247-2181, 11:00~23:00Mon.-Sat., 11:00~20:00Sun. & National Holiday

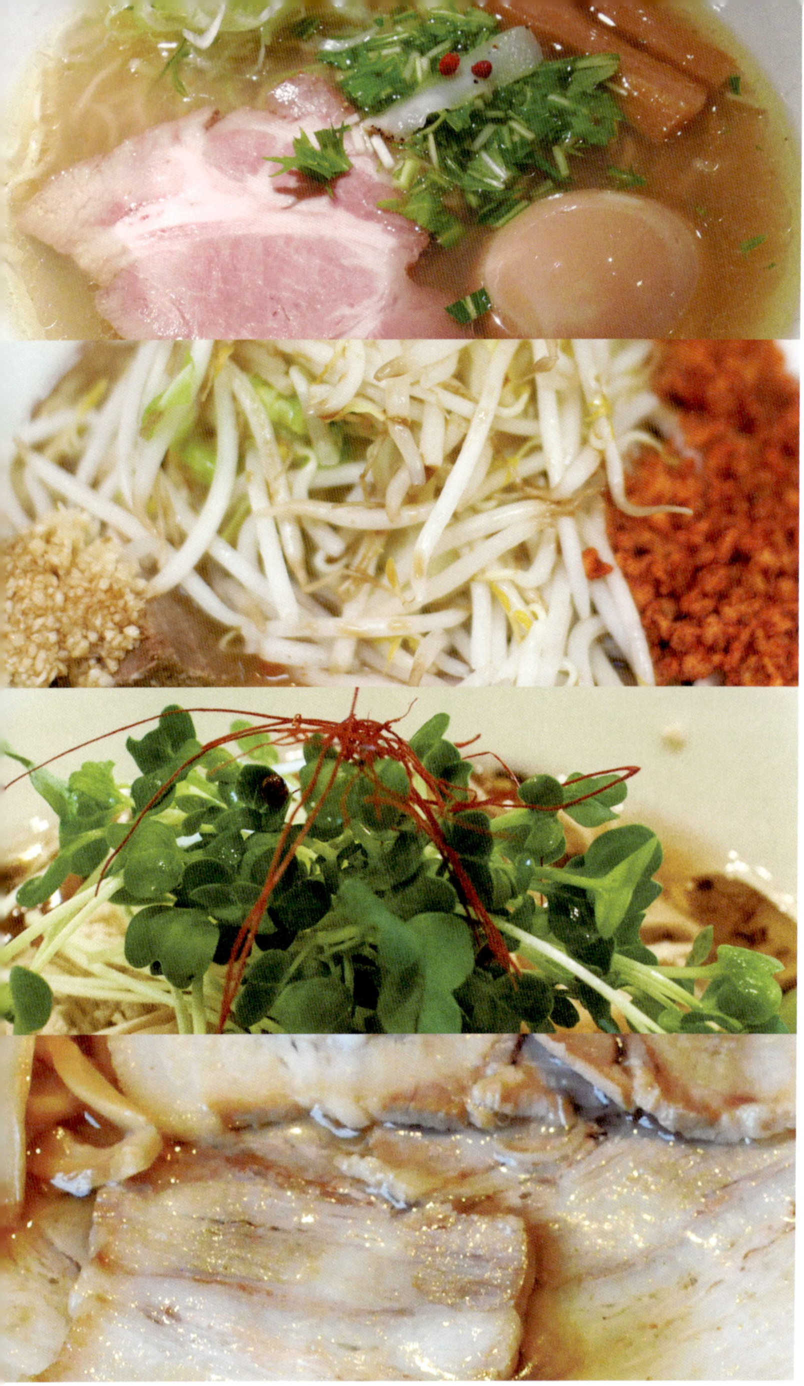

英語版 ラーメン用語集

A note on the meanings of some Japanese words. That appear in italics.

abura	油	oil or fat.
chashu	チャーシュー	general name for the cooked meat topping, usually pork, served on ramen.
chiyu	鶏油	chicken oil.
ebi	海老	shrimp.
gentei	限定	limited offering.
gyokai	魚介	seafood used to flavor soups.
gyoza	餃子	dumplings, pot stickers.
kaedama	替え玉	an extra serving of noodles. Most common with tonkotsu ramen.
kakigori	かき氷	shaved ice.
kakuni	角煮	stewed pork.
konbu	昆布	kelp.
menma	メンマ	pickled bamboo shoots.
moyashi	もやし	bean sprouts.
mukacho	無化調	preservative free.
nama	生	fresh or draft.
niboshi	煮干	dried baby sardines used to add flavor to soups.
niku	肉	meat.
nira	ニラ	Chinese chives.
nori	のり	laver seaweed.
onsen tamago	温泉玉子	poached egg cooked in fairly low temperature water. Traditionally cooked in an onsen, a natural hot spring.
paitan	白湯	a word referring to a creamy soup made by cooking animal bones at high heat for a long time. Toripaitan is made with chicken.
sansho	山椒	Sichuan peppercorn.
se-abura	背脂	pork back fat.
shio	塩	salt.
shotengai	商店街	local shopping street.
shoyu	醤油	soy sauce.
soba	そば	soba means noodle. Ramen is often called chukasoba, or Chinese noodles. You will often see different soba dishes like niboshisoba, aburasoba, mazesoba, etc.
sukiyaki	すきやき	a popular hotpot dish served with raw egg.
tare	タレ	concentrated seasoning liquid used to flavor ramen soups.
tonkotsu	豚骨	lit. pork bones, this refers to paitan soups made with pork bones.
umami	旨み	the 5th flavor group associated with meaty flavors.
yasai	野菜	vegetables.
yatai	屋台	streetside food carts.
yuzu	ゆず	a Japanese citrus fruit with a pleasant zest.
zenbu-nose	全部乗せ	all the toppings.

エリアから探す　掲載店 INDEX

エリア	店名	ジャンル	ページ
神田周辺	カラシビ味噌らー麺 鬼金棒 Kikanbo	味噌	124
	さぶちゃん Sabuchan	醤油	90
	担々麺 辣椒漢 Lashowhan	オリジナル	172
	覆麺 智 Fukumen Tomo	醤油	72
	饗 くろ㐂 Motenashi Kuroki	塩	148
銀座・赤坂	銀座 篝 Kagari	豚骨＆鶏白湯	42
	ソラノイロ Soranoiro	醤油	96
	むぎとオリーブ Mugi to Oribu	醤油	84
渋谷	五ノ神製作所 Gonokami Seisakujo	オリジナル	170
	金色不如帰 Hototogisu	塩	144
	生姜醤油 我武者羅 Gamushara	醤油	100
	背脂煮干中華そば 心や Kokoroya	醤油	80
	つなぎ Tsunagi	味噌	132
	風雲児 Fuunji	つけ麺	156
	ホープ軒 Hopuken	豚骨＆鶏白湯	38
	Miso Noodle Spot 角栄 Kakuei	味噌	122
新宿	油そば専門店 GACHI GACHI Aburasoba	オリジナル	168
	一条流がんこラーメン 西早稲田店 Ganko	塩	142
	すごい煮干ラーメン凪 新宿ゴールデン街店 本館 Nagi Golden Gai	醤油	88
	麺処くるり 市ヶ谷本店 Kururi	味噌	126
	麺や 庄の Shono	豚骨＆鶏白湯	52
	麺や庄の Gotsubo Gotsubo	つけ麺	158
	らぁ麺やまぐち Yamaguchi	醤油	104
池袋周辺	Japanese Soba Noodles 蔦 Tsuta	醤油	102
	無鉄砲 東京中野店 Muteppo	豚骨＆鶏白湯	46

地域	店名	種類	ページ
池袋周辺	麺屋Hulu-lu Hululu	醤油	76
世田谷・目黒	アイバンラーメン Ivan	塩	146
	千里眼 Senrigan	オリジナル	176
	バサノバ Bassanova	オリジナル	166
	666 Rokurokuroku	醤油	66
中央線・ 西武新宿線 沿線	永福町 大勝軒 Eifukucho Taishoken	醤油	68
	食堂 七彩 Shichisai	醤油	94
	中華そば JAC JAC	豚骨＆鶏白湯	40
	中華そば ムタヒロ 本店 Mutahiro	醤油	86
	肉煮干し中華そば さいころ Saikoro	醤油	92
	煮干鰮らーめん 圓 En	醤油	70
	パイナップルラーメン屋さん パパパパパイン Papapapapain	オリジナル	178
	春木屋 荻窪本店 Harukiya	醤油	74
	味噌麺処 花道 Hanamichi	味噌	120
町田	北海道ラーメン おやじ 町田店 Oyaji	味噌	130
	らぁ麺 胡心房 Koshinbou	豚骨＆鶏白湯	44
東京北部	牛骨らぁ麺マタドール 本店 Matador	醤油	82
	愚直 Guchoku	豚骨＆鶏白湯	36
	燦燦斗 Sansanto	豚骨＆鶏白湯	48
	千石自慢ラーメン 本店 Sengoku Jiman	豚骨＆鶏白湯	50
	博多長浜らーめん 田中商店 Tanaka Shoten	豚骨＆鶏白湯	54
	みそ味専門マタドール Matador Miso	味噌	128
	麺屋 KABOちゃん KABO chan	醤油	78
	ラーメン屋 トイ・ボックス Toy Box	醤油	98
東京東部	スパイス・ラー麺 卍力 Manriki	オリジナル	174

店名から探す　掲載店 INDEX

	店名	系統	エリア	ページ
あ	アイバンラーメン / Ivan	塩	世田谷・目黒	146
	油そば専門店 GACHI / GACHI Aburasoba	オリジナル	新宿	168
	一条流がんこラーメン 西早稲田店 / Ganko	塩	新宿	142
	永福町 大勝軒 / Eifukucho Taishoken	醤油	中央線・西武新宿線沿線	68
か	カラシビ味噌らー麺 鬼金棒 / Kikanbo	味噌	神田周辺	124
	牛骨らぁ麺マタドール本店 / Matador	醤油	東京北部	82
	銀座 篝 / Kagari	豚骨＆鶏白湯	銀座・赤坂	42
	愚直 / Guchoku	豚骨＆鶏白湯	東京北部	36
	五ノ神製作所 / Gonokami Seisakujo	オリジナル	渋谷	170
	金色不如帰 / Hototogisu	塩	渋谷	144
さ	さぶちゃん / Sabuchan	醤油	神田周辺	90
	燦燦斗 / Sansanto	豚骨＆鶏白湯	東京北部	48
	Japanese Soba Noodles 蔦 / Tsuta	醤油	池袋周辺	102
	生姜醤油 我武者羅 / Gamushara	醤油	渋谷	100
	食堂 七彩 / Shichisai	醤油	中央線・西武新宿線沿線	94
	すごい煮干ラーメン凪 新宿ゴールデン街店 本館 / Nagi Golden Gai	醤油	新宿	88
	スパイス・ラー麺 卍力 / Manriki	オリジナル	東京東部	174
	背脂煮干中華そば 心や / Kokoroya	醤油	渋谷	80
	千石自慢ラーメン 本店 / Sengoku Jiman	豚骨＆鶏白湯	東京北部	50
	千里眼 / Senrigan	オリジナル	世田谷・目黒	176
	ソラノイロ / Soranoiro	醤油	銀座・赤坂	96
た	担々麺 辣椒漢 / Lashowhan	オリジナル	神田周辺	172
	中華そば JAC / JAC	豚骨＆鶏白湯	中央線・西武新宿線沿線	40
	中華そば ムタヒロ 本店 / Mutahiro	醤油	中央線・西武新宿線沿線	86
	つなぎ / Tsunagi	味噌	渋谷	132

な	肉煮干し中華そば さいころ Saikoro	醤油	中央線・西武新宿線沿線	92
	煮干鯛らーめん 圓 En	醤油	中央線・西武新宿線沿線	70
は	パイナップルラーメン屋さん パパパパパイン Papapapapain	オリジナル	中央線・西武新宿線沿線	178
	博多長浜らーめん 田中商店 Tanaka Shoten	豚骨＆鶏白湯	東京北部	54
	バサノバ Bassanova	オリジナル	世田谷・目黒	166
	春木屋 荻窪本店 Harukiya	醤油	中央線・西武新宿線沿線	74
	風雲児 Fuunji	つけ麺	渋谷	156
	覆麺 智 Fukumen Tomo	醤油	神田周辺	72
	ホープ軒 Hopuken	豚骨＆鶏白湯	渋谷	38
	北海道ラーメン おやじ 町田店 Oyaji	味噌	町田	130
ま	みそ味専門マタドール Matador Miso	味噌	東京北部	128
	Miso Noodle Spot 角栄 Kakuei	味噌	渋谷	122
	味噌麺処 花道 Hanamichi	味噌	中央線・西武新宿線沿線	120
	むぎとオリーブ Mugi to Oribu	醤油	銀座・赤坂	84
	無鉄砲 東京中野店 Muteppo	豚骨＆鶏白湯	池袋周辺	46
	麺処くるり 市ヶ谷本店 Kururi	味噌	新宿	126
	麺屋 KABO ちゃん KABO chan	醤油	東京北部	78
	麺や 庄の Shono	豚骨＆鶏白湯	新宿	52
	麺や庄の Gotsubo Gotsubo	つけ麺	新宿	158
	麺屋 Hulu-lu Hululu	醤油	池袋周辺	76
	饗 くろ㐂 Motenashi Kuroki	塩	神田周辺	148
ら	らぁ麺 胡心房 Koshinbou	豚骨＆鶏白湯	町田	44
	ラーメン屋 トイ・ボックス Toy Box	醤油	東京北部	98
	らぁ麺やまぐち Yamaguchi	醤油	新宿	104
	666 Rokurokuroku	醤油	世田谷・目黒	66

著者:ブライアン・マクダクストン
Brian MacDuckston

1978年、アメリカ・サンフランシスコ生まれ。英語教師、子ども向けの英語イベント・パフォーマー。UCLA でコンピューターサイエンスを学び、現地でプログラマーとして働いたのち、2006年に来日。英語教師として働く東京で、2008年にうまいラーメンと出会い、ラーメンの食べ歩きを始める。同年、自分が食べたラーメンを紹介するブログ"Ramen Adventures"を開始。アメリカからのアクセス数が多く、NYタイムズの取材を受けるなど、日本のラーメン通外国人の第一人者として有名な存在になった。東京と地方のラーメン店を1000軒以上食べ歩き、今も新しい味を求めて日々ラーメン店巡りを続けている。
http://www.ramenadventures.com

協力/キンキンラーメン道(株式会社ふんどし)
　　　http://www.ramenkeiei.com
　　　株式会社 A9(外園史明)
　　　http://www.a9-inc.com

撮影/ブライアン・マクダクストン
　　　吉村重実
表紙デザイン/山田尚志
撮影協力/Miso Noodle Spot 角栄
　　　　GACHI

最強アメリカ・ラーメン男
東京 極ウマ50店を食べる

2015年4月16日　初版第1刷発行

著　者	ブライアン・マクダクストン
発行者	河村季里
発行所	株式会社 K&Bパブリッシャーズ
	〒101-0054　東京都千代田区神田錦町2-7 戸田ビル3F
	電話03-3294-2771　FAX 03-3294-2772
	E-Mail info@kb-p.co.jp
	URL http://www.kb-p.co.jp
印刷・製本	株式会社 加藤文明社

落丁・乱丁本は送料負担でお取り替えいたします。
本書の無断複写・複製・転載を禁じます。
ISBN978-4-902800-26-5 C0076
©Brian MacDuckston 2015 Printed in Japan

※ラーメン店の英語の紹介文は、著者がその店を訪れたときの情報に基づいており、日本語の紹介文と内容が異なる場合があります。
※掲載店の情報は2015年3月現在のものです。
※本書の掲載情報による損失、および個人的トラブルに関しては、弊社では一切の責任を負いかねますので、あらかじめご了承ください。

K&B
PUBLISHERS

地球新発見の旅

絶景の旅 未知の大自然へ

今すぐ出かけたくなる、本当に行ける世界の絶景43スポットを厳選して紹介。いつか見たあの絶景は、じつはこんなところにあった！ 詳細な地図掲載により、現地での行動計画までが具体的になる絶景本。現地情報に精通した「絶景の達人」たちが語る実体験はリアルそのもの。

1600円（税別）

にっぽん絶景の旅

こんなに美しい風景がにっぽんにもあったんだ！ 週末1泊2日から行ける、お手軽＆感動の絶景旅ガイド。日本とは思えないスケールの大自然から、どこか懐かしい素朴で美しい村まで、67の絶景写真を、詳細地図、モデルプランなどきめ細やかな旅案内とともに紹介します。

1500円（税別）

世界 動物の旅

一生に一度は会いに行きたい！ 図鑑や動物園でしか見たことのなかった、あの動物たちの素顔が間近で見られる55スポットを紹介。ページをめくるたびに癒されること間違いなし。100種類以上の動物たちが登場。写真集、動物図鑑としても、子どもから大人まで楽しめます。

1500円（税別）

ヨーロッパのいちばん美しい街

おとぎ話に出てくるような家が並ぶ街、歴史の面影を今に残す城塞都市……。いつか一度行って見てみたい、そう思い焦がれた街が誰しも1つや2つあるのでは？ 本書では、海が見える街、城塞の街、運河のある街など、11のテーマで厳選したヨーロッパの街を紹介します。

1500円（税別）

K&B
PUBLISHERS